Mohamed Amine Kafi

Un nouveau protocole de transport pour les réseaux maillés sans fil

Mohamed Amine Kafi

Un nouveau protocole de transport pour les réseaux maillés sans fil

MTCP, un protocole de transport pour les réseaux maillés sans fils inter-opérable avec les standards TCP

Presses Académiques Francophones

Impressum / Mentions légales
Bibliografische Information der Deutschen Nationalbibliothek: Die Deutsche Nationalbibliothek verzeichnet diese Publikation in der Deutschen Nationalbibliografie; detaillierte bibliografische Daten sind im Internet über http://dnb.d-nb.de abrufbar.
Alle in diesem Buch genannten Marken und Produktnamen unterliegen warenzeichen-, marken- oder patentrechtlichem Schutz bzw. sind Warenzeichen oder eingetragene Warenzeichen der jeweiligen Inhaber. Die Wiedergabe von Marken, Produktnamen, Gebrauchsnamen, Handelsnamen, Warenbezeichnungen u.s.w. in diesem Werk berechtigt auch ohne besondere Kennzeichnung nicht zu der Annahme, dass solche Namen im Sinne der Warenzeichen- und Markenschutzgesetzgebung als frei zu betrachten wären und daher von jedermann benutzt werden dürften.

Information bibliographique publiée par la Deutsche Nationalbibliothek: La Deutsche Nationalbibliothek inscrit cette publication à la Deutsche Nationalbibliografie; des données bibliographiques détaillées sont disponibles sur internet à l'adresse http://dnb.d-nb.de.
Toutes marques et noms de produits mentionnés dans ce livre demeurent sous la protection des marques, des marques déposées et des brevets, et sont des marques ou des marques déposées de leurs détenteurs respectifs. L'utilisation des marques, noms de produits, noms communs, noms commerciaux, descriptions de produits, etc, même sans qu'ils soient mentionnés de façon particulière dans ce livre ne signifie en aucune façon que ces noms peuvent être utilisés sans restriction à l'égard de la législation pour la protection des marques et des marques déposées et pourraient donc être utilisés par quiconque.

Coverbild / Photo de couverture: www.ingimage.com

Verlag / Editeur:
Presses Académiques Francophones
ist ein Imprint der / est une marque déposée de
AV Akademikerverlag GmbH & Co. KG
Heinrich-Böcking-Str. 6-8, 66121 Saarbrücken, Deutschland / Allemagne
Email: info@presses-academiques.com

Herstellung: siehe letzte Seite /
Impression: voir la dernière page
ISBN: 978-3-8416-2019-4

Copyright / Droit d'auteur © 2013 AV Akademikerverlag GmbH & Co. KG
Alle Rechte vorbehalten. / Tous droits réservés. Saarbrücken 2013

Un nouveau protocole de transport pour les réseaux maillés sans fil

Par: KAFI Mohamed Amine

Résumé

Les réseaux maillés sans fils (WMNs) consistent en un nombre de routeurs sans fils stationnaires interconnectés par des liens sans fils.

Actuellement, il n'y a aucun protocole de transport proposé spécifiquement pour les réseaux WMNs. Cependant, un grand nombre de protocoles de transports sont disponibles pour les réseaux ad-hoc. L'étude de ces protocoles aide dans la conception des protocoles de transports pour les WMNs.

Les protocoles de transport fiable de données peuvent être classés en deux types: variantes de TCP et nouveaux protocoles de transport. Les variantes de TCP semblent les plus adaptés vue l'interopérabilité avec l'existant.

Notre approche est d'adapter TCP en un protocole qu'on a appelé MTCP (Mesh TCP), dans lequel on a recensé quelques problèmes et trouver leurs solutions pour améliorer TCP dans les réseaux WMNs.

Notre protocole MTCP est une couche intermédiaire entre la couche réseau et la couche de transport. Cette couche différencie entre les pertes causées par la congestion, pour les quelles elle laisse le comportement standard de TCP, et les pertes causées par l'environnement sans fils, pour les quelles la retransmission des paquets (en cas de pertes) ou l'arrêt momentané des transmissions (en cas de partitionnement du réseau) sera adéquat. En plus, elle permet la prise en charge des effets de changements de routes lors de l'utilisation des protocoles de routage avec qualité de service.

Les résultats de simulations appuient notre approche et montrent que les performances de MTCP sont meilleures comparées à celles de TCP standard et des versions de TCP adaptées aux réseaux Ad-Hoc.

Sommaire

INTRODUCTION 1

chapitre 1: les réseaux maillés sans fils

1.1 ARCHITECTURE DES RESEAUX MAILLES (WIRELESS MESH NETWORKS WMNS) 4
    1.1.1 L'INFRASTRUCTURE DES WMN 5
    1.1.2 LES CLIENTS WMN 6
    1.1.3 L'ARCHITECTURE HYBRIDE WMN 7
1.2 LES CARACTERISTIQUES D'UN RESEAU MESH 7
1.3 LES DIFFERENCES ENTRE LES WMNS ET LES RESEAUX AD-HOC 8
1.4 QUELQUES DOMAINES D'APPLICATIONS 10
1.5 FACTEURS CRITIQUES INFLUENÇANT LES PERFORMANCES DES WMNS 15
1.6 LES TRAVAUX DE LA COUCHE APPLICATION 18
    1.6.1 LES APPLICATIONS SUPPORTEES PAR LES WMNS 18
    1.6.2 LES AXES DE RECHERCHE 19
1.7 LES TRAVAUX DE STANDARDISATION DES RESEAUX MAILLES 20
    1.7.1 LES STANDARDS DES RESEAUX MAN MAILLES 20
    1.7.2 LES STANDARDS DES RESEAUX LAN MAILLES 22
        1.7.2.1 IEEE 802.11s : Vue générale 23
        1.7.2.2 Architecture proposée pour le réseau IEEE802.11s 23
        1.7.2.3 Configuration et gestion du maillage 24
    1.7.3 LES STANDARDS DES PAN (PERSONAL AREA NETWORKS) MAILLES 25
        1.7.3.1 IEEE 802.15.5 25
    1.7.3.2 ZIGBEE 27
1.8 CONCLUSION 29

Chapitre 2: Le protocole TCP

2.1 CARACTERISTIQUES DU PROTOCOLE TCP 31
2.2 FONCTIONNEMENT DE TCP 34
2.3 DIFFERENTES VERSIONS DE TCP 40
    2.3.1 TCP TAHOE 40
    2.3.2 TCP RENO 40
    2.3.3 TCP NEW RENO 41
2.4 CONTROLE DE CONGESTION 41
    2.4.1 VARIABLES D'ETATS ASSOCIEES AU CONTROLE DE CONGESTION 42
    2.4.2 MODE DE DEMARRAGE LENT (SLOW START) 42
    2.4.3 MODE D'EVITEMENT DE CONGESTION (CONGESTION AVOIDANCE) 43
    2.4.4 RETRANSMISSION RAPIDE « FAST RETRANSMIT » 44
    2.4.5 RECOUVREMENT RAPIDE « FAST RECOVERY » 44
2.5 CALCUL DU HORS TEMPS DE RETRANSMISSION (RTO) 46
2.6 LES OPTIONS DE TCP 47
2.7 EXPLICIT CONGESTION NOTIFICATION (ECN) 50
    2.7.1 RANDOM EARLY DETECTION (RED) 50

2.7.2 AVIS EXPLICITE DE CONGESTION DANS IP 50
2.7.3 SUPPORT POUR LE PROTOCOLE DE TRANSPORT 52
2.7.4 SOMMAIRE DES CHANGEMENTS REQUIS DANS IP ET TCP 55
2.8 L'ASYMETRIE DES RESEAUX ET TCP 56
2.8.1 CLASSIFICATION D'ASYMETRIE 56
  2.8.1.1 Asymétrie de largeur de bande 57
  2.8.1.2 Asymétrie du media d'accès 58
2.8.2 SOLUTIONS 58
  2.8.2.1 Gestion de la bande du lien montant 58
  2.8.2.2 Gestion des acquittements peu fréquents 60
2.9 CONCLUSION 61

CHAPITRE 3: TCP DANS LES ENVIRONNEMENTS SANS FILS

3.1 EFFETS DES RESEAUX AD-HOC SUR TCP 63
3.2 TCP-F: UNE APPROCHE BASEE FEEDBACK 65
3.3 LE PROTOCOLE ATP (AD-HOC TRANSPORT PROTOCOL) 67
3.3.1 LES PROBLEMES DE TCP DANS LES RESEAUX AD-HOC 67
3.3.2 LA CONCEPTION D'ATP 69
  3.3.2.1 Coordination de la couche 69
  3.3.2.2 Les transmissions basées sur les taux 69
  3.3.2.3 Découplage de contrôle de congestion et de la fiabilité 70
  3.3.2.4 Contrôle assisté de congestion 70
  3.3.2.5 Interopérabilité et equitabilité de TCP 71
  3.3.2.6 Emetteur ATP 71
3.4 LE PROTOCOLE ATCP 72
3.4.1 L'APPROCHE D'ATCP 72
3.4.2 CONCEPTION D'ATCP 73
3.4.3 FONCTIONNEMENT DE LA COUCHE ATCP 74
3.5 LE PROTOCOLE ATL 76
3.5.1 ARCHITECTURES SANS FIL HETEROGENES 77
3.5.2 DEMANDES HETEROGENES DE SERVICES 78
3.5.3 LA COUCHE ATL 78
3.6 CONCLUSION 79

CHAPITRE 4: LE PROTOCOLE MTCP

4.1 LE PROTOCOLE MTCP 82
4.2 CONCEPTION DE MTCP 84
4.3 FONCTIONNEMENT DE LA COUCHE MTCP 86
4.4 LA METHODE DE TCP-RC 90
4.5 L'UTILISATION DES ACQUITTEMENTS SELECTIFS 92
4.6 LES ALGORITHMES DE MTCP 93

CHAPITRE 5: EVALUATION DES PERFORMANCES

4.7 CONCLUSION 95
5.1 CAS DE PERTES 81
5.2 CAS DE CONGESTION 83
5.3 CAS DE PARTITIONS 84
5.4 DESORDRE DES PAQUETS 85
5.5 CAS DE CHANGEMENT DE ROUTE POUR LA QOS 86

5.6 METTRE LES CAS ENSEMBLES..86

Conclusion et Perspectives……………………………………………………………......**88**
Bibliographie……………………………………………………………………….......……**89**

Liste des figures

Figure 1.1: Exemples de routeurs Mesh...4
Figure 1.2 : Exemples de clients Mesh...5
Figure 1.3 : Infrastructure/ épine dorsale WMN..5
Figure 1.4 : Les clients Mesh..6
Figure 1.5 : L'architecture hybride...7
Figure 1.6 : WMN pour les réseaux à large bande des maisons...10
Figure 1.7 : Les WMNs pour les réseaux de communauté...10
Figure 1.8 : Les WMNs pour le réseau d'entreprise 11
Figure 1.9 : Les WMNs pour le réseau métropolitain 12
Figure 1.10 : Les WMNs pour les systèmes de transports 12
Figure 1.11 : Les WMNs pour l'automatisation des bâtiments 13
Figure 1.12: Illustration du standard IEEE 802.16a...18
Figure 1.13 : Architecture du réseau IEEE 802.11s 20
Figure 1.14: Calcul du nombre des noeuds dans chaque branche..22
Figure 1.15 : ART maillé 22
Figure 2.1 : Positionnement de TCP dans le modèle TCP/IP..26
Figure 2.2 : Emission et réception des données et des ACK dans TCP...28
Figure 2.3 : La fenêtre glissante de TCP..28
Figure 2.4 : Structure d'une trame TCP...28
Figure 2.5 : Structure du champ « options »...30
Figure 2.6 : Les phases d'établissement d'une connexion TCP...31
Figure 2.7 : Fin d'une connexion TCP...32
Figure 2.8 : Les différentes phases de contrôle de congestion dans TCP..37
Figure 2.9 : Le format des types d'options TCP..39
Figure 2.10 : L'option « Timestamp » dans TCP...40
Figure 2.11 : Exemple des ACK sélectifs...41
Figure 3.1 : Les états possibles du protocole ATCP...61
Figure 3.2 : L'architecture typique de NGWI..63
Figure 4.1 : Architecture du réseau WMN dans MTCP...70
Figure 4.2 : Les états possibles de MTCP..72
Figure 5.1 : Comparaison entre les protocoles en cas de pertes de paquets..82
Figure 5.2 : Comparaison entre les protocoles en cas de présence de congestion...............................83
Figure 5.3 : Comparaison entre les protocoles en cas de pannes de liens..84
Figure 5.4 : Comparaison entre les protocoles en cas de désordre de paquets....................................85
Figure 5.5 : Comparaison entre les protocoles en cas de changement de routes pour QOS........ 86
Figure 5.6 : Comparaison entre les protocoles en présence des différents cas ensembles......... 87

Introduction

Les réseaux maillés sans fils (Wireless Mesh Networks) sont dynamiquement auto organisés, auto configurés, et les noeuds du réseau forment automatiquement un réseau ad-hoc et maintiennent sa connectivité. Les WMNs sont composés de deux types de noeuds: les mesh routeurs et les mesh clients.

A part les capacités habituelles des routeurs sans fils conventionnels, un mesh routeur contient des fonctions additionnelles pour supporter les réseaux mesh. A travers les communications multi sauts, la même couverture peut être assurée avec le mesh routeur en consommant beaucoup moins d'énergie.

Les Mesh routeurs ont une mobilité minimale et forment l'infrastructure pour les clients Mesh. En plus de la gestion du réseau à travers les Mesh routeurs et les Mesh clients, les fonctionnalités de gateway dans les Mesh routeurs permettent l'intégration des WMNs avec de divers autres réseaux. Les noeuds conventionnels équipés d'interfaces réseau sans fil peuvent se relier directement au WMN à travers les Mesh routeurs. Les clients sans interfaces sans fils peuvent accéder au WMN en se reliant aux Mesh routeurs à travers, par exemple, Ethernet. Ainsi, les WMNs aideront considérablement les utilisateurs à être toujours en ligne n'importe où.

Les WMNs peuvent être déployés d'une manière incrémentale, un noeud à la fois, quand c'est nécessaire. Comme plus de nœuds sont installés, la fiabilité et la connectivité augmentent en conséquence.

Donc, au lieu d'être un autre type de réseau ad-hoc, les WMNs augmentent les capacités des réseaux ad-hoc. Cela apporte beaucoup d'avantages aux WMNs, tel que le bas coût, entretien facile de réseau, robustesse, service de couverture fiable, etc. Par conséquent, en plus d'être largement admis dans les secteurs traditionnels d'applications des réseaux ad-hoc, les WMNs sont commercialisés dans beaucoup d'autres applications.

Les couches protocolaires ont besoin d'être revues pour ce type de réseaux pour essayer de les adapter en fonctions des besoins. Actuellement, il n'y a aucun protocole de transport proposé spécifiquement pour les réseaux WMNs. Cependant, un grand nombre de protocoles de transport sont disponibles pour les réseaux ad-hoc ([2], [6], [18], [21]). L'étude de ces protocoles aide dans la conception des protocoles de transport pour les WMNs.

Introduction

Les protocoles de transport fiable de données peuvent être classés en deux types: variantes de TCP et nouveaux protocoles de transport. Les variantes de TCP semblent les plus adaptés vue l'interopérabilité avec l'existant. Cependant, le protocole TCP connaît une dégradation de performances dans les réseaux sans fils. Cette dégradation est due à l'appel de contrôle de congestion dans le cas des pertes causées par les liens sans fils.

Notre approche est d'adapter TCP en un protocole qu'on a appelé MTCP (Mesh TCP), dans lequel on a recensé quelques problèmes et trouver leurs solutions pour améliorer TCP dans les réseaux Mesh. MTCP consiste en une couche intermédiaire entre la couche réseau et la couche de transport. Cette couche permet de différencier entre les pertes causées par la congestion, pour lesquelles elle laisse le comportement standard de TCP, et les pertes causées par l'environnement sans fils, pour lesquelles la retransmission des paquets (en cas de pertes) ou l'arrêt momentanés des transmissions (en cas de partitionnement du réseau) sera adéquat. En plus, MTCP prend en charge les effets de changements de routes en s'appuyant sur des protocoles de routage avec qualité de service.

Afin d'évaluer notre protocole, nous avons conduit plusieurs scénarios de simulations en utilisant le simulateur NS. Les résultats obtenus appuient notre approche et montrent que les performances de MTCP sont meilleures comparées à celles de TCP standard et des versions de TCP adaptées aux réseaux Ad-Hoc.

Le mémoire est organisé en cinq chapitres. Dans le premier nous présentons les réseaux maillés en détails en donnant leurs points forts, les domaines d'applications et les travaux de standardisation.

Le deuxième chapitre est consacré au protocole TCP, son mode de fonctionnement et ses différentes versions.

Dans le troisième chapitre les problèmes de TCP dans les environnements sans fils, et les adaptations de TCP proposées seront présentées.

Le quatrième chapitre est consacré à notre protocole MTCP. Sa conception et son mode de fonctionnement sont présentés.

Le cinquième chapitre montre les résultats de nos simulations ainsi que des comparaisons de MTCP avec TCP standard et ATCP.

Chapitre 1

Les réseaux maillés sans fils WMNS

Divers réseaux sans fils participent dans les réseaux de la prochaine génération pour fournir de meilleurs services, une technologie clé, les réseaux maillés sans fils (WMNs), a émergé récemment.

Un WMN est dynamiquement auto organisé et auto configuré, les noeuds dans le réseau établissant automatiquement et maintiennent une connectivité maillée entre eux (créant, en effet, un réseau ad-hoc). Ceci apporte beaucoup d'avantages aux WMNs comme le bas coût d'investissement initial, entretien facile de réseau, robustesse, et le service de couverture fiable.

1.1 Architecture des réseaux maillés (wireless mesh networks WMNs) [2]

Les mesh networks se composent de deux types de nœuds: les nœuds routeurs et les nœuds clients. Un nœud routeur a en plus de ses fonctionnalités habituelles, de gateway / répéteur (gateway est le nœud de sortie vers un réseau externe), des fonctionnalités qui concernent le réseau mesh. Un routeur mesh est équipé de plusieurs interfaces sans fils basées sur des technologies d'accès qui peuvent être différentes.

Un routeur mesh peut couvrir la même zone qu'un routeur sans fil ordinaire avec beaucoup moins d'énergie de transmission et cela en utilisant des communications multi sauts (utiliser les nœuds intermédiaires). Le routeur mesh est doté optionnellement d'un protocole MAC plus scalable dans un environnement mesh multi sauts. Mais un routeur mesh est fabriqué de la même technologie matérielle qu'un routeur sans fil ordinaire (ordinateur dédié: système embarqué, ordinateur habituel: ordinateur portable, pc).

Figure 1.1: Exemples de routeurs Mesh.

Dans la figure1.1, des exemples de systèmes embarqués pour les routeurs mesh
(a): PowerPC,
(b) Advanced Risc Machines (ARM).

Les clients mesh ont aussi les fonctions nécessaires pour un WMN et peuvent donc travailler comme un routeur mesh. Les fonctionnalités de gateway ne figurent pas nécessairement dans les clients, un client a aussi en général une seule interface sans fil, par conséquent la composition logicielle et matérielle d'un client est nettement plus simple qu'un routeur. On peut trouver une diversité de médias: pc, ordinateur portable, PDA, téléphone IP,etc.

Dans la figure 1.2, on trouve des exemples d'un client mesh: (a) ordinateur portable, (b) PDA, (c) téléphone IP.

L'architecture d'un réseau WMN peut être classée en trois groupes de bases et cela dépend des fonctionnalités des nœuds :

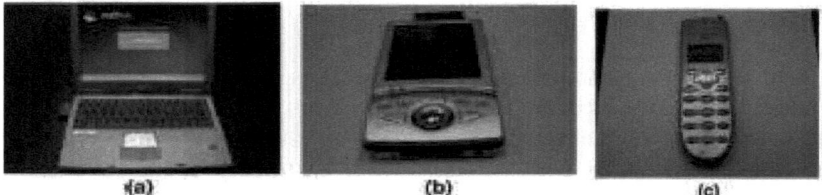

Figure 1.2 : Exemples de clients Mesh.

1.1.1 L'infrastructure des WMN

Ce type de réseau contient les routeurs WMN qui forment une infrastructure pour les clients qui se connectent à eux. L'infrastructure de ce type de réseau peut être construite en utilisant des technologies radio différentes, en plus de la plus utilisée qui est IEEE 802.11.

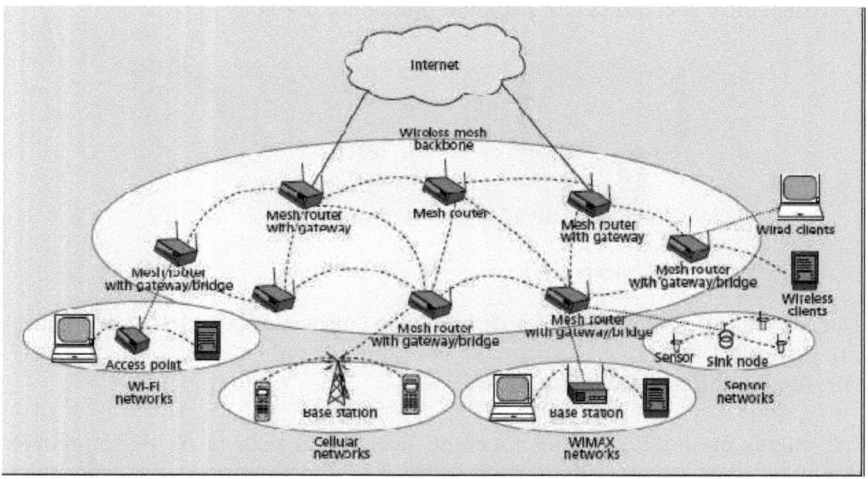

Figure 1.3 : Infrastructure/ épine dorsale WMN

Les routeursWMNs forment un réseau de nœuds auto configurable, auto organisable, avec des fonctionnalités de gateway, les routeurs WMNs peuvent se connecter à Internet. La figure 1.3 montre une architecture d'un WMN, les traits continus indiquent les liens filaires et les traits discontinus ceux sans fils. Cette architecture constitue la base sur la quelle se connecte les clients et elle permet l'intégration du réseau mesh avec les réseaux sans fils déjà existants, cela à travers les fonctionnalités accomplies par le gateway (qui est un WMN routeur).

Les clients conventionnels qui ont des interfaces Ethernet se connectent aux routeurs WMNs avec des liens Ethernet. Pour les clients qui ont une interface radio basée sur la même technologie que le routeur mesh se connectent à lui directement.
Si par contre ils utilisent des technologies différentes, les clients vont se connecter à une station de base qui sera reliée au routeur à travers un lien Ethernet.

L'architecture du réseau mesh avec infrastructure est la plus utilisée. Comme exemple, un réseau d'une communauté ou de voisinage peut être construit utilisant l'infrastructure du WMN, tel que les routeurs sont placés aux sommets des maisons, des habitats et qui vont servir pour points d'accès aux habitants à l'intérieur des habitats ou tout au long des ruelles.

Deux types de radios sont utilisés dans les routeurs (pour les communications entre routeurs, et les communications des clients), les communications entre routeurs peuvent se faire en utilisant les techniques de communications à longue distance (comme les antennes directionnelles).

1.1.2 Les Clients WMN

Le réseau WMN (construit des clients) produit des communications point à point grâce aux médias des clients. Dans ce type d'architectures, les nœuds clients constituent la base du réseau pour accomplir les fonctionnalités de routage et de configuration, en plus de la tache ordinaire qui est l'application usager des clients, par conséquent il y a absence du routeur dans ce type de réseaux.

Figure 1.4 : les clients Mesh

Dans un réseau WMN orienté client, un paquet destiné à un nœud dans le réseau doit passer à travers plusieurs nœuds intermédiaires pour arriver à sa destination. L'architecture client WMN utilise souvent la même technologie radio pour les médias. Les exigences sur les médias des clients dans ce type d'architectures augmentent par rapport au type précédant, puisque c'est à la charge du client d'assurer les fonctionnalités de routage et de l'auto configuration.

1.1.3 L'architecture hybride WMN

Cette architecture est la combinaison des deux premiers types : l'infrastructure et les clients. Les clients peuvent se connecter aux réseaux mesh à travers l'infrastructure des routeurs comme ils peuvent se connecter directement à travers d'autres clients du réseau.

L'infrastructure permet une connectivité avec d'autres réseaux comme Internet, WI-FI, WiMax, réseaux cellulaires et les réseaux de capteurs. Les capacités de routage des clients permettent d'augmenter la connectivité et la couverture à l'intérieur du réseau WMN lui-même. L'architecture hybride devra être la plus utilisée à cause de la réalité qu'elle décrit.

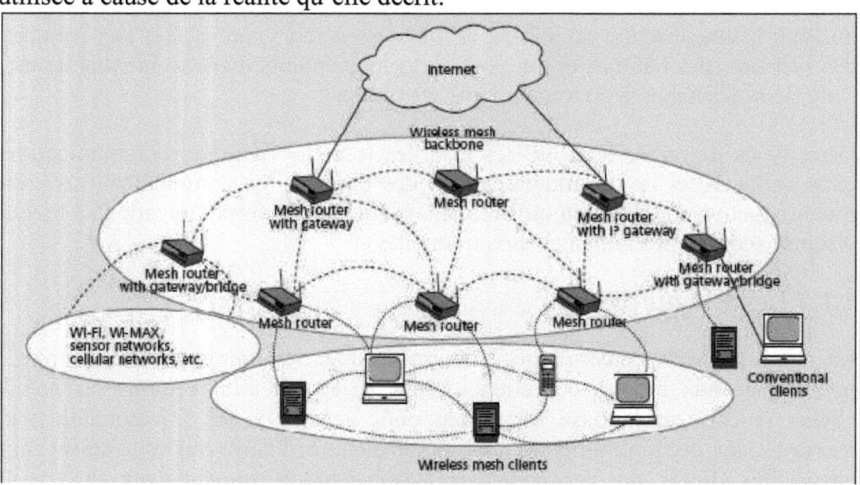

Figure 1.5 : L'architecture hybride

1.2 Les caractéristiques d'un réseau Mesh[2]

Les caractéristiques d'un réseau mesh sont décrites dans se qui suit :

➢ **Réseau sans fil multi sauts :** parmi les objectifs de la construction des réseaux mesh est de permettre l'extension de la couverture et la densité des réseaux sans fils actuels sans pour autant sacrifier la bande de fréquences. Un autre objectif est de permettre une connectivité entre les clients sans que celle-ci soit à travers un lien direct. Pour accomplir cette tache, le multi saut permit par le WMN s'avère indispensable, puisque il résulte une densité plus élevée de nœuds sans sacrifier la bande radio à travers des liens plus courts (au sens distance), avec moins d'interférence entre les nœuds et une réutilisation adéquate de la bande de fréquences.

➢ **Support pour les réseaux ad hoc :** en s'auto formant, auto organisant et auto configurant, les réseaux WMNs augmentent les performances du réseau avec leurs flexibilité d'architecture, leur déploiement facile et leur configuration aussi, leur tolérance aux fautes et les communications multi sauts. Due à tout ce qui précède les WMNs nécessitent moins de coup d'investissement, et le réseau peut s'étendre dés que c'est nécessaire.

➢ **Dépendance de la mobilité:** et cela selon le type du nœud, le routeur mesh a souvent une mobilité minimale tandis que les clients peuvent être stationnaires ou mobiles.

➢ **Multiple types d'accès réseau:** dans les WMNs, les accès à Internet ou les communications point à point sont supportés.

En intégrant les WMNs avec les autres réseaux sans fils, les services fournis par ces réseaux aux utilisateurs finaux peuvent être accomplit aussi par les WMNs.

➢ **La consommation d'énergie :** dépend du type du nœud, souvent les routeurs mesh n'ont pas une contrainte sur leurs consommations, par contre les clients peuvent avoir recours à des protocoles qui tiennent compte de leurs consommations. Par exemple un capteur nécessite un protocole de communication qui consomme peu d'énergie. Donc les protocoles MAC et de routage qui sont optimisés pour les routeurs mesh peuvent ne pas être appropriés pour les noeuds clients.

➢ **Compatibilité et interopérabilité** avec les réseaux sans fil existants. Par exemple, les WMNs construit à base de IEEE 802.11 doivent être compatibles avec les standards IEEE 802.11 dans le sens où ils doivent supporter les client WI-FI conventionnels en plus de ceux mesh (WMN clients). Les WMNs doivent être inter opérable avec les réseaux sans fils tel que WIMAX, Zig-Bee et les réseaux cellulaires.

1.3 Les différences entre les WMNs et les réseaux Ad-Hoc[2]

Basé sur leurs caractéristiques, les réseaux WMNs sont généralement considérés comme type de réseaux ad-hoc en raison du manque d'infrastructure câblée; cette infrastructure existe dans les réseaux cellulaires ou Wi-Fi par le déploiement des stations de base ou les points d'accès.

Tandis que les techniques de gestion des réseaux ad-hoc sont exigées par les WMNs, les capacités additionnelles rendent nécessaire plus d'algorithmes sophistiqués et principes de conceptions pour la réalisation de WMNs. Plus précisément, malgré étant un type de réseau ad-hoc, les WMNs dépassent les capacités des réseaux ad-hoc. En conséquence, les réseaux ad-hoc peuvent réellement être considérés comme un sous type des WMNs.

Afin d'illustrer cette vue, les différences entre les WMNs et les réseaux ad-hoc sont décrites ci-dessous. Dans cette comparaison, l'architecture hybride est considérée, puisqu'elle englobe tous les avantages des WMNs.

- **L'infrastructure sans fil :** les WMNs se composent d'une infrastructure sans fil composée des mesh routeurs. Cette infrastructure fournit une grande densité de couverture, connectivité, et robustesse dans le domaine sans fil. Cependant, la connectivité dans les réseaux ad-hoc dépend des contributions individuelles des utilisateurs qui peuvent ne pas être fiables.

- **Intégration:** les WMNs supportent les clients conventionnels qui utilisent les mêmes technologies radio que les mesh routeurs. Ceci est accompli par les fonctions de routage disponibles au niveau des mesh routeurs.

  Les WMNs permettent également l'intégration de divers réseaux existants tels que Wi-Fi, l'Internet, réseaux cellulaires et les réseaux de capteurs; à travers les gateways. En conséquence, les utilisateurs dans un même réseau sont servis avec des services d'autres réseaux, à travers l'utilisation de l'infrastructure sans fil.
  Les réseaux sans fil intégrés dans les WMNs ressemblent à l'infrastructure d'Internet, vu que la localisation physique des noeuds de réseau devient moins importante que la topologie et la capacité de réseau.

- **Routage et configuration dédiés:** Dans les réseaux ad-hoc, les dispositifs des utilisateurs exécutent également le routage et la configuration pour tous les autres noeuds. Cependant, les WMNs contiennent des mesh routeurs pour assurer ces fonctionnalités.
  Par conséquent, la charge sur les dispositifs des utilisateurs est sensiblement diminuée, ce qui fournit une moindre consommation d'énergie et des capacités plus élevées des applications d'utilisateurs finaux pour augmenter

la mobilité et l'autonomie en énergie des usagés. D'ailleurs, les exigences sur les médias des utilisateurs sont limitées ce qui diminue le coût des dispositifs qui peuvent être employés dans les WMNs.

> **Radios multiple:** les mesh routeurs peuvent être équipés des radios multiples pour permettre d'assurer le routage et l'accès. Ceci permet la séparation de deux types de trafic principaux dans le domaine sans fil. Tout en assurant le routage et la configuration entre les mesh routeurs, l'accès au réseau par les utilisateurs peut être effectué sur une radio différente. Ceci améliore d'une manière significative la capacité du réseau. En contre partie, dans les réseaux ad-hoc, ces fonctionnalités sont exécutées dans le même canal, et en conséquence, la performance diminue.

> **La mobilité:** Puisque les réseaux ad-hoc assurent le routage en utilisant les dispositifs des utilisateurs, la topologie du réseau et la connectivité dépendent du mouvement des utilisateurs. Ceci impose des contraintes additionnelles sur les protocoles de routage, que ça soit au niveau de la configuration du réseau ou au niveau de son déploiement.

1.4 Quelques domaines d'applications [2]

La recherche et le développement des WMNs sont motivés par plusieurs applications qui démontrent clairement le marché prometteur, tandis qu'en même temps ces applications ne peuvent pas être supportées directement par d'autres réseaux sans fils tels que les réseaux cellulaires, réseaux ad-hoc, réseaux de capteurs, standard IEEE 802.11, etc. Dans cette section, nous donnons quelques applications:

Réseau à large bande des maisons: Actuellement, la gestion de réseau à bande large des maisons est réalisée à travers les IEEE 802.11 WLANs. Un problème évident est l'endroit des points d'accès. Sans gestion des emplacements, une maison (même petite) a souvent beaucoup de zones mortes sans couverture de service.

Les solutions basées sur l'enquête d'emplacement sont chères et non pratiques pour la gestion de réseau à la maison, tandis que l'installation des points d'accès multiples est également chère et non commode en raison du câblage Ethernet depuis les points d'accès vers le modem ou le hub. D'ailleurs, les communications entre les noeuds finaux de deux points d'accès différents doivent faire le chemin inverse jusqu'au hub. Ce n'est évidemment pas une solution efficace, particulièrement pour la gestion de réseau à bande large.

Les réseaux WMNs peuvent résoudre tous ces problèmes de gestion de réseaux des maisons.

Les points d'accès doivent être remplacés par les mesh routeurs avec connectivité radio entre eux. Par conséquent, la communication entre ces noeuds devient beaucoup plus flexible et plus robuste aux pannes de réseau et aux échecs de liens.

On peut éliminer les zones mortes en rajoutant des mesh routeurs, changeant les endroits des mesh routeurs, ou automatiquement ajustant les niveaux de puissance des mesh routeurs. La communication dans les réseaux des maisons peut être réalisée dans les WMNs sans aller à chaque fois au hub (ou modem d'accès).
Ainsi, la congestion du réseau due au retour vers le point d'accès peut être évitée.

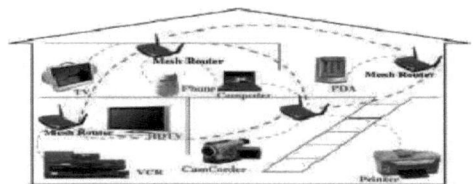

Figure 1. 6 : WMN pour les réseaux à large bande des maisons

Dans cette application, les mesh routeurs n'ont aucune contrainte sur l'énergie ou sur leurs mobilité. Ainsi, les protocoles proposés pour les réseaux ad-hoc et les réseaux de capteurs sont trop encombrants pour réaliser l'exécution satisfaisante de cette application. D'autre part, Wi-Fi est non capable de soutenir la gestion de réseaux ad-hoc multi sauts. Par conséquent, les WMNs sont bien adaptés pour la gestion de réseaux à bandes larges des maisons.

Gestion de réseaux de voisinage et de communauté: Dans la communauté, l'architecture commune pour le réseau d'accès est basée sur le câblage ou le DSL relié à l'Internet, et le dernier saut est sans fil en reliant un routeur sans fil à un câble ou au modem DSL. Ce type d'accès de réseau a plusieurs inconvénients :

- ➤ Même si l'information doit être partagée dans une communauté ou un voisinage, tout le trafic doit traverser l'Internet. Ceci réduit de manière significative l'utilisation des ressources du réseau.

- ➤ Grand pourcentage de secteurs entre les maisons n'est pas couvert par les services sans fils.

- ➤ Une chère mais large bande du gateway dans les maisons ou les voisinages n'est pas partagée (chaque maison se connecte à son gateway individuel),

donc les services sans fil doivent être installés individuellement. En conséquence, les coûts de services peuvent augmenter.
- ➢ Seulement un chemin peut être disponible pour une maison pour accéder à Internet ou pour communiquer avec les voisins.

Les WMNs atténuent ces inconvénients par des connectivités mesh flexibles entre les maisons. Les WMNs permettent également beaucoup d'applications telles que le stockage de dossiers distribué, l'accès distribué aux dossiers, etc.

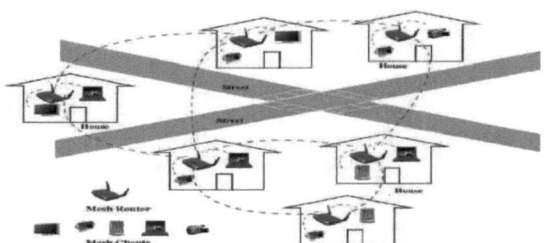

Figure 1.7 : Les WMNs pour les réseaux de communauté.

Gestion des réseaux d'entreprises: Ceci peut être un petit réseau dans un bureau ou un réseau de taille moyenne pour tous les bureaux dans un bâtiment entier, ou un réseau à grande échelle parmi des bureaux dans des bâtiments multiples. Actuellement, le standard IEEE 802.11 (réseaux sans fil) est largement répandu dans les bureaux.

Cependant, ces réseaux sans fils sont toujours isolés les uns des autres. Les raccordements entre eux doivent être réalisés par des raccordements filaires Ethernet, qui est la raison principale du coût élevé des réseaux d'entreprise. En outre, ajouter plus de modems d'accès augmente seulement la capacité localement, mais n'améliore pas la robustesse devant les pannes des liens, la congestion de réseau et d'autres problèmes du réseau d'entreprise.

Si les points d'accès sont remplacés par des mesh routeurs, on peut éliminer les liaisons filaires Ethernet. Les multiples modems d'accès peuvent être partagés par tous les noeuds dans le réseau, et ainsi, améliorer la robustesse et l'utilisation des ressources dans les réseaux d'entreprises. Les WMNs peuvent se développer facilement pendant que la taille de l'entreprise augmente.

Les WMNs d'entreprise sont beaucoup plus compliqués qu'à la maison parce que plus de noeuds et de topologies compliquées sont impliqués dans le réseau. Le modèle de service du réseau d'entreprise peut être appliqué à beaucoup d'autres réseaux publics et scénarios commerciaux comme les aéroports, les hôtels, les centres commerciaux, les centres de convention, les centres de sport, etc.

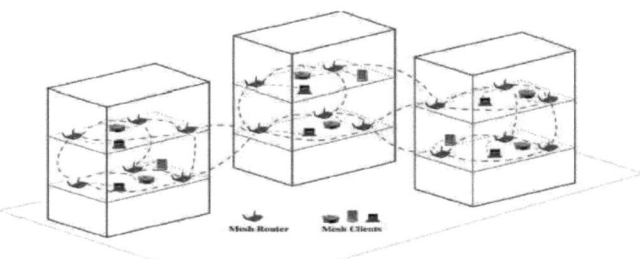

Figure 1.8 : les WMNs pour le réseau d'entreprise

Réseaux de zone métropolitaine: Les WMNs dans le secteur métropolitain ont plusieurs avantages. Le taux de transmission de la couche physique d'un noeud dans les WMNs est beaucoup plus élevé que dans tous les réseaux cellulaires. Par exemple, un noeud IEEE 802.11g peut transmettre à un taux de 54 Mbps. D'ailleurs, la communication entre les noeuds dans un WMN n'a même pas besoin de faire appel à l'infrastructure câblée (en cas de déploiement de cette dernière).

Comparé aux réseaux filaires (câble ou fibre optique), le réseau MAN (métropolitain area network) WMN est une alternative économique à la gestion de réseau à bande large, en particulier dans des régions sous-développées.

Le réseau WMN MAN couvre un domaine potentiellement beaucoup plus grand qu'une maison, entreprise, bâtiment, ou réseau d'une communauté. Ainsi, l'alternative des réseaux WMNs pour la scalabilité de réseau MAN est beaucoup plus importante que celui par d'autres applications.

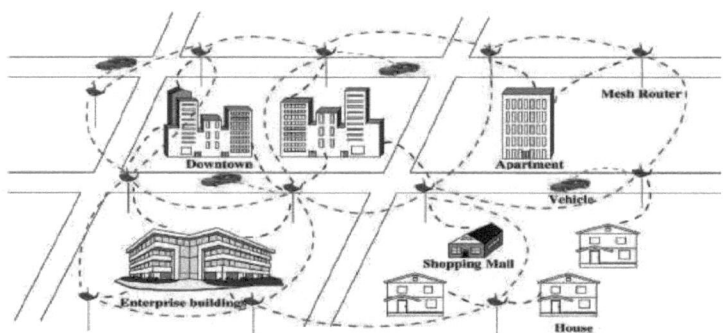

Figure 1.9 : Les WMNs pour le réseau métropolitain

Systèmes de transport: Au lieu de la limitation de IEEE 802.11 ou 802.16 d'accès aux stations et arrêts, la technologie de réseau WMN peut prolonger l'accès dans les autobus, les trains, etc.

Ainsi, les services d'informations nécessaires aux passagers, la vidéo sécurité, et les communications du conducteur peuvent être gérés. Pour permettre une telle gestion du réseau WMN d'un système de transport, deux techniques principales sont nécessaires : l'accès à Internet à grande vitesse d'un véhicule mobile (voiture, autobus, ou train) et un réseau WMN mobile à l'intérieur du véhicule.

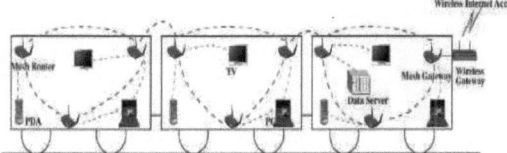

Figure 1.10 : Les WMNs pour les systèmes de transports

Automatisation de bâtiments: Dans un bâtiment, divers éléments électriques incluent l'énergie, lumière, ascenseur, climatiseur, etc, ont besoin d'être commandés et surveillés. Actuellement cette tâche est accomplie par les réseaux filaires standards, qui sont très chères en raison de la complexité du déploiement et l'entretien d'un réseau filaire. Récemment, des réseaux basés Wi-Fi ont été adoptés pour réduire le coût de tels réseaux.

Cependant, cet effort n'a pas encore donné une exécution satisfaisante, parce que le déploiement de Wi-Fi pour cette application est cher dû au câblage Ethernet. Si les BACnet (building automation and control networks) sont remplacés par des mesh routeurs, le coût de déploiement sera sensiblement réduit. Le procédé de déploiement est également beaucoup plus simple vu la connectivité entre les mesh routeurs.

En plus des applications ci-dessus, les WMNs peuvent être également utilisés dans des réseaux spontanés (urgence/ Gestion de réseau de désastre) et les communications point à point. Par exemple, dans un réseau sans fil pour une urgence, l'équipe des pompiers n'a pas au préalable une connaissance d'où le réseau devrait être déployé. En plaçant simplement les mesh routeurs dans des endroits désirés, un WMN peut être rapidement établi.

Pour un groupe de personnes, possédant des dispositifs avec des capacités de gestion de réseau sans fil (ordinateurs portatifs et PDAs), les communications point à point n'importe quand et n'importe où est une solution efficace pour le partage d'informations, les WMNs peuvent satisfaire cette demande.

Ces applications illustrent que les WMNs sont plus placés par rapport aux réseaux ad-hoc, et peuvent accomplir ainsi toutes les fonctions fournies par ces derniers.

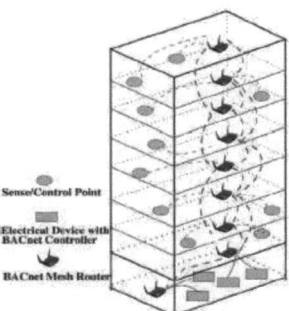

Figure 1.11 : Les WMNs pour l'automatisation des bâtiments

1.5 Facteurs critiques influençant les performances des WMNs [2]

Avant qu'un réseau soit conçu, déployé et fonctionnel, les facteurs qui influencent sur sa performance doivent être considérés. Pour les WMNs, les facteurs critiques sont récapitulés comme suit :

Les techniques radios: Induit par le progrès rapide de semi-conducteurs, les technologies RF (radio fréquence) et la théorie de communication, les radios sans fil ont subi une révolution significative. Actuellement beaucoup d'approches sont proposées pour augmenter la capacité et la flexibilité des systèmes sans fil.

Aujourd'hui, MIMO (système multi in multi out) est devenu la clef des technologies IEEE 802.11n, l'extension rapide de Wi-Fi, les médias Multi radio et leurs plateformes de développement sont disponibles sur le marché.

Pour améliorer les performances d'une radio sans fil et son contrôle par les protocoles de couches plus élevées, des technologies radios plus avancées, comme la radio re- configurable et même la radio gérée par logiciel, ont été employées dans les communications sans fil. Bien que ces technologies radio soient au début du développement, on s'attend à ce qu'elles soient les futures plateformes pour les réseaux sans fil dues à leurs capacités de commander dynamiquement les radios.

Ces technologies radio avancées exigent une conception révolutionnaire dans les protocoles des couches supérieures, particulièrement le protocole MAC et celui de routage.

Par exemple, quand les antennes directionnelles sont utilisées dans les réseaux IEEE 802.11, le protocole de routage doit tenir compte du choix des secteurs d'antennes directionnelles. Ainsi, les protocoles MAC doivent être revus pour résoudre ce problème.

Quant aux systèmes MIMO, de nouveaux protocoles MAC sont nécessaires. Quand les radios gérées par logiciels sont considérés, des protocoles MAC plus puissants doivent être développés, tels que les MAC programmables.

Scalabilité: Les communications multi sauts sont communes dans les WMNs. Pour la gestion de réseaux multi sauts, il est bien connu que les protocoles de communications souffrent du problème de scalabilité (quand la taille du réseau augmente, les performances du réseau dégradent d'une manière significative).

Par la suite les protocoles de routage risquent de ne pas trouver un chemin fiable, les protocoles de transport peuvent perdre des connexions et les protocoles MAC peuvent éprouver une réduction significative du débit.

Un exemple typique est celui du protocole MAC actuel du IEEE 802.11 et ses dérivés, qui ne peuvent pas réaliser un raisonnable débit dés que le nombre de sauts dépasse 4 (pour 802.11b, le débit de TCP est inférieur à 1.0 Mbps).

La raison de la mauvaise scalabilité est que la fiabilité du cheminement de bout en bout brusquement baisse dés que la taille du réseau augmente.
Dans le WMN, dû à son architecture ad-hoc, les schémas d'accès multiple centralisé tels que TDMA et CDMA sont difficiles à mettre en œuvre en raison de leurs complexités et la condition générale sur la synchronisation pour TDMA (et la gestion des codes pour CDMA).

Quand un réseau multi sauts distribué est considéré, la synchronisation globale dans le réseau est difficile à réaliser. Ainsi, les schémas d'accès multiple distribués tels que CSMA/ CA sont plus favorables. Cependant, CSMA/CA a une efficacité faible des fréquences spatiales réutilisables, ce qui limite de manière significative la scalabilité des réseaux multi sauts basés sur CSMA/CA.
Pour améliorer la scalabilité des WMNs, concevoir un schéma d'accès multiple hybride basé sur CSMA/CA et TDMA ou CDMA est intéressant et constitue un axe de recherche.

Connectivité mesh: Beaucoup d'avantages des WMNs proviennent de sa connectivité qui est un paramètre critique lors de la conception des protocoles, en particulier pour le protocole MAC et les protocoles de routages. L'auto organisation du réseau et les algorithmes de contrôles de topologies sont généralement nécessaires. Tenir compte des topologies par les protocoles de routage et MAC peut de manière significative améliorer les performances des WMNs.

La bande large et QoS: Contrairement à d'autres types de réseaux ad-hoc, la plupart des applications WMNs sont des services à bande large avec de diverses conditions sur la QoS (quality of service). Ainsi, en plus de délai de transmission de bout en bout et la livraison des services d'une manière équitable, plus de métriques doivent être considérées par les protocoles de transmission (débit d'agrégation, les rapports de perte de paquet, etc.).

Compatibilité et interopérabilité: Parmi les objectifs des WMNs est de permettre l'accès réseau pour les clients mesh ainsi que pour les clients habituels.
Ainsi, les WMNs doivent être compatibles avec les noeuds clients conventionnels; autrement, la motivation de déployer les WMNs sera sensiblement compromise. L'intégration des WMNs avec d'autres réseaux sans fils exige l'inter opérabilité de certains mesh routeurs avec les réseaux sans fils hétérogènes.

Sécurité: Sans solution persuasive de sécurité, les WMNs ne pourront pas réussir, puisque les clients ont besoin de souscrire à des services fiables.

Bien que beaucoup de schémas de sécurité sont proposés pour les LANs sans fils, ils ne sont pas encore prêts pour les WMNs. Parmi les problèmes, il n'y a aucune autorité de confiance centralisée pour distribuer une clef publique dans un WMN dû à l'architecture distribuée du système.

Les schémas de sécurité existants pour les réseaux ad-hoc peuvent être adoptés dans les WMNs, mais plusieurs problèmes existent:

- La plupart des solutions de sécurité pour les réseaux ad-hoc ne sont pas encore assez développées pour être pratiquement implémentées.
- L'architecture des réseaux WMNs est différente d'un réseau ad-hoc conventionnel, ce qui cause des différences dans les mécanismes de sécurité.

Par conséquent, de nouveaux schémas de sécurité doivent être développés (les algorithmes de distribution de clefs secrètes de chiffrement, protocoles MAC et de routage sécurisés, détection d'intrusion).
Facilité d'utilisation: Les protocoles doivent être conçus de manière à permettre au réseau d'être aussi autonome que possible, au sens gestion de puissance, auto organisation, contrôle dynamique de la topologie, robuste face aux pannes provisoires de liens, et inscription au réseau/ authentification d'utilisateurs. En plus, les outils de gestion de réseau doivent être développés

pour maintenir efficacement l'opération, vérifier les performances, et configurer les paramètres des WMNs. Tous ces outils avec les mécanismes autonomes dans les protocoles permettront le déploiement rapide des WMNs.

1.6 Les travaux de la couche application [2]

Les applications déterminent la nécessité de déployer les WMNs. Ainsi, c'est toujours une étape clé de trouver les applications existantes qui peuvent être supportées par les WMNs et quelles nouvelles applications doivent être développées.

1.6.1 Les applications supportées par les WMNs

Puisque de nombreuses applications peuvent être supportées par les WMNs, il est impossible d'avoir une liste complète. Selon les fonctions des WMNs, nous catégorisons les applications des WMNs en plusieurs classes:

L'accès à Internet: Diverses applications Internet fournissent d'importantes informations temporelles à la population afin de rendre la vie plus commode et accroître l'efficacité et la productivité au travail. Par exemple, le courrier électronique, moteur de recherche comme Google, actions en ligne comme eBay, achat en ligne, chat, vidéo streaming, sont devenus une partie indispensable de la vie.
Ainsi, les gens s'intéressent à souscrire à Internet. Dans une maison ou un environnement commercial petit/moyen, la solution d'accès la plus populaire est aujourd'hui DSL ou modem avec câble avec des points d'accès IEEE 802.11.

Donc, comparant avec cette approche, les WMNs ont de nombreux avantages potentiels: coût de revient, vitesse plus élevée, facilité d'installation. Par conséquent, l'accès à Internet va grandement motiver le développement des WMNs.

Le stockage distribué et le partage des informations au sein des WMNs. Pour ce type d'applications l'accès à Internet n'est pas nécessaire. Les utilisateurs de ces applications communiquent au sein du WMN. Un utilisateur peut vouloir stocker de gros volumes de données dans des disques d'autres utilisateurs, télécharger des fichiers provenant d'autres disques d'utilisateurs basés sur des mécanismes réseaux point à point, et la recherche / récupération des informations se trouvant dans les serveurs de bases de données réparties.

Les utilisateurs au sein d'un WMN veulent peut-être aussi discuter, parler en utilisant la vidéo sur les téléphones mobiles, et jouer des jeux en réseaux. Pour que ces applications marchent au niveau des utilisateurs finaux, certains protocoles doivent exister dans la couche application.

L'échange d'informations entre plusieurs réseaux sans fils : Là encore, ce type d'applications n'a pas besoin d'accès à Internet. Par exemple, lorsqu'un téléphone cellulaire parle à un téléphone Wi-Fi grâce au WMN, l'accès à Internet n'est pas nécessaire.

De même, un utilisateur sur un réseau Wi-Fi peut surveiller la situation dans divers capteurs dans un réseau de capteurs sans fil. Toutes ces demandes doivent être supportées par de nouveaux logiciels dans la couche application des utilisateurs finaux.

1.6.2 Les axes de recherche

Il y a essentiellement trois principaux axes de recherche dans la couche application:

Permettre aux applications Internet existantes de travailler sous l'architecture des WMNs : Due à son architecture ad hoc, et multi sauts, il n'y a aucun moyen pour les protocoles des couches inférieures de fournir un support parfait à la couche application.

Par exemple, telle qu'elle est perçue par la couche application, la perte des paquets peut ne pas être nulle, le retard de livraison des paquets peut être variable, etc. Ces problèmes peuvent échouer certaines applications fonctionnant parfaitement dans un réseau câblé, en particulier ceux qui ont des contraintes de temps critiques.

Par conséquent, les algorithmes dans la couche application doivent être développés pour améliorer les performances de temps réel des applications Internet dans les WMNs.

Etudier les protocoles d'applications pour le partage d'informations distribuées dans les WMNs : Par exemple, pour les réseaux câblés, les protocoles d'applications sont disponibles pour le partage d'informations point à point, les jeux en ligne, etc. Par contre, les WMNs ont beaucoup de caractéristiques différentes des réseaux câblés.

Ces protocoles donnent-ils de bonnes performances dans les WMNs? Cela doit être étudié. Dans le cas où la réponse est négative, de nouveaux protocoles d'applications doivent être développés.

Découvrir des applications uniques qui utilisent les avantages des WMNs : Ces applications doivent apporter d'énormes avantages aux clients. De plus, leurs fonctions ne peuvent être accomplies par d'autres réseaux existants. En ce sens, les WMNs seront utilisés comme solution réseau unique au lieu d'être simplement une autre option de réseau sans fil.

Par exemple, si les réseaux de capteurs sans fil sont intégrés avec les WMNs, des outils logiciels peuvent effectivement être développés pour que les utilisateurs dans un environnement réseau peuvent le surveiller à distance, configurer et contrôler tous les dispositifs électroniques, qui permet à l'automatisation des maisons de devenir une réalité.

1.7 Les travaux de standardisation des réseaux maillés [12]

Tandis que quelques sociétés ont lancé des produits maillés sans fil industriels propriétaires pendant un certain temps, la participation des groupes de standardisation internationaux, la force d'entraînement principale derrière diverses technologies, a signalé l'arrivée des réseaux maillés sans fil. Comme peut être vu dans le tableau 1.1, IEEE joue un rôle principal dans le développement des standards des réseaux maillés sans fil avec la couverture réseau allant du PAN (personal area network) au MAN (metropolitan area network). Dans cette section une vision sur les travaux de standardisation des réseaux maillés sera présentée. Qui inclut IEEE 802.16, 802.11s, 802.15.5, et ceux de ZigBee.

Types de réseaux maillés et les produits existants	Les standards correspondants utilisés comme base
WMAN maillé (WIMAX)	IEEE 802.16a
WLAN maillé (Wi-Fi)	IEEE 802.11 s
LR-WPAN maillé (zig-Bee)	IEEE 802.15.5

Table 1.1: Les standards des réseaux maillés

1.7.1 Les standards des réseaux MAN maillés [10]

Le groupe de travail IEEE 802.16 (GT) définit les standards de la couche physique (PHY) et la couche d'accès au média (MAC) des réseaux sans fil dans les zones métropolitaines (MANs). Le standard IEEE 802.16 Wireless MAN, associé au Worldwide Interoperability for Microwave Access (WiMAX) et édité en avril 2002, a été conçu pour fonctionner dans la bande de fréquences 10-66 GHZ cela exige d'être dans la portée directe du destinataire (line-of-sight (LOS)) et couvrant jusqu'à 5 kilomètres, similaire aux stations de base (BS) dans les réseaux cellulaires.

Il construit une épine dorsale pour les réseaux sans fil à bande large avec un coût très réduit, par rapport aux solutions filaires existantes comme le DSL et les câbles. Cette norme était au début créé pour les applications point à multipoint

(PMP) à bande large, dans un but de fournir un plus haut débit (jusqu'à 75 Mb/s) pour chaque station (subscriber station: SS).

Après cette norme, le groupe de travail IEEE 802.16 a installé plusieurs groupes de travail (TGs) du `a' au `g' pour ajouter plusieurs extensions aux stations sans fil fixes ou portables/mobiles à bande large (BWA: broadband wireless access) dans les zones métropolitaines comme suit :

- *a* – Ajout d'un mode maillé,
- *b* - fournir la qualité de service (QoS),
- *c* – supporter l'interopérabilité,
- *d* – extensions de la couche PHY,
- *e* – supporter la mobilité,
- *f* – supporter les fonctionnalités du multi-sauts dans IEEE 802.16e,
- *g* - fournir un handover efficace et la QoS.

Pour concentrer notre attention sur les activités qui ont une relation avec le maillage, dans la sous-section suivante nous décrivons les améliorations de la norme de base IEEE 802.16 (le mode maillé 802.16a) et le nouveau groupe d'étude appelé groupe multi saut mobile (mobile multihop relay : MMR).

La norme maillée IEEE 802.16

La norme IEEE 802.16a incorpore le mode maillé en plus du mode PMP défini dans le IEEE 802.16. Ce nouveau standard fonctionne dans la bande de basses fréquences licenciée et non licenciée de 2-11GHZ qui permet les communications des nœuds qui ne sont pas sur la même portée l'un de l'autre (Non Line of Sight :NLOS), allant jusqu'à 50 kilomètres de portée.

La différence principale entre le mode PMP et le mode maillé est la capacité du mode maillé de permettre les communications multi sauts. Le mode PMP exige que chaque station soit connectée à une BS, tandis que les stations voisines peuvent communiquer directement l'une avec l'autre en mode maillé (voir la fig.1.12).

Par conséquent, les stations en mode maillé jouent le rôle des routeurs en transmettant le trafic entre les SSs, jusqu'à ce qu'il arrive à la BS cible (également appelée la "BS maillée") qui relie le maillage avec l'épine dorsale et autres réseaux externes. Un nouveau noeud joignant le réseau maillé a besoin de passer par l'entrée du réseau et le processus d'auto configuration.

Les noeuds actifs qui font partie du réseau maillé envoient périodiquement des messages MSHNCFG (mesh network configuration) pour tout nouveau noeud à synchroniser avec le réseau existant, qui contient les informations de configuration de réseau telle que le numéro d'identification de la BS maillée et le canal de base en service.

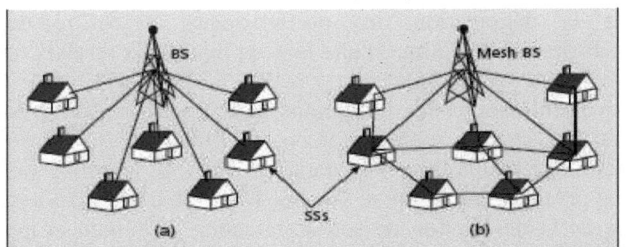

Figure 1.12: Illustration du standard IEEE 802.16a : a) PMP ; b) mode maillé

Le nouveau noeud (également appelé un noeud candidat) cherche activement le réseau existant. Par le biais du message Msh-ncfg, il établit la synchronisation et initialise un processus d'entrée en réseau. S'il y a beaucoup de noeuds envoyant des messages Msh-ncfg, il choisit un noeud et envoie un Msh-NENT (entrée en réseau maillé) avec une demande de joindre le réseau maillé.

1.7.2 Les standards des réseaux LAN maillés [9]

La famille des standards IEEE 802.11 est actuellement la norme la plus réussite pour la gestion des réseaux sans fil LAN. La spécification initiale a été faite en 1999 (IEEE 802.11a/b) et après prolongée en 2003 (IEEE 802.11g). Elle définit les couches PHY et MAC pour les dispositifs utilisés dans les réseaux WLAN. Elle inclut un dispositif dédié appelé le point d'accès (AP), auquel les dispositifs des utilisateurs finaux, ou stations (STAs) avec carte réseau d'interface 802.11, se connectent pour accéder aux services du réseau. Un tel ensemble de STAs contrôlé par un seul AP s'appelle un ensemble de service de base (basic service set: BSS).

Un BSS indépendant (IBSS), aussi connu sous le nom "réseau ad-hoc," est un réseau dans lequel les STAs peuvent communiquer directement l'un avec l'autre sans APs. Un ensemble d'un ou plusieurs BSS reliés ensemble par un système de distribution (DS) forment un ensemble étendu de services (extended service set: ESS), et peut être considéré comme un seul segment de réseau 802.
Un DS peut contenir un seul AP dans un réseau autonome ou bien un system filaire/sans fil qui relie les APs. La norme IEEE 802.11 continue à s'améliorer avec les diverses modifications, par exemple, 802.11e pour QoS et 802.11n pour des débits au-dessus de 100 Mb/s.

Ces standards sont encore limités en raison de leur dépendance au réseau filaire et le système de distribution sans fil non spécifié (wireless distribution system: WDS). En outre, les standards 802.11 sont principalement désignés aux besoins des communications à un seul saut et par conséquent sont affectés par les problèmes de la dégradation des performances et de ressources non équitablement attribuées (unfairness) une fois appliqués aux réseaux multi sauts.

Motivé par les problèmes et les limitations antérieures, un TG séparé appelé "IEEE 802.11s: ESS maillé "a été formé en mai 2004 sous le GT 802.11 pour satisfaire le besoin de maillage sans fil dans les WLANs. Dans les sous-sections suivantes, nous présentons une brève vue sur l'ensemble des activités sur IEEE 802.11s suivie de la description de son architecture de réseau proposée et les services primitifs fournis par la sous couche de fonction de coordination d'accès au média (Medium Access Coordination Function: MCF).

1.7.2.1 IEEE 802.11s : Vue générale

L'ensemble étendu de service (ESS) maillé IEEE 802.11s vise à appliquer les techniques de multi sauts maillé pour spécifier un WDS qui peut être employé à la construction de l'infrastructure sans fil pour les WLANs. Par conséquent, l'ESS ou WLAN maillé peut être considéré comme un IEEE 802.11 basé WDS, un sous-ensemble du DS qui se compose d'un ensemble de dispositifs reliés l'un à l'autre par des liens sans fil, et donnant une connectivité maillée.
Les activités de TG 802.11s comportent les spécifications d'une nouvelle suite de protocoles pour l'installation, configuration, et opérations de WLAN maillé. Son implémentation sera placée au dessus de la couche physique existante d'IEEE 802.11a/b/g/n et fonctionnant dans le spectre de la bande de fréquences non licenciées 2.4- et 5-GHz. Les spécifications incluront les extensions dans la formation de la topologie pour rendre le WLAN maillé auto configurable dés que les dispositifs sont mis sous tension.
Un protocole de choix de routes sera spécifié au niveau de la couche MAC au lieu de la couche réseau pour router les données dans la topologie multi saut maillée. Cette norme est destinée à supporter le broadcast/multicast de la couche MAC en plus des transmissions unicast.

1.7.2.2 Architecture proposée pour le réseau IEEE802.11s

L'architecture proposée pour le réseau WLAN maillé est représentée dans la fig. 1.13. Toute entité basée IEEE 802.11 (AP ou STA) qui supporte partiellement ou entièrement les fonctions de maillage est définie comme point maillé (mesh point: MP). Les opérations minimales de MP incluent la découverte des voisins, choix de canal, et formation d'association avec les voisins. En outre, les MPs peuvent communiquer directement avec leurs voisins et faire circuler le trafic

Chapitre 1 — Les réseaux maillés sans fils WMN

vers d'autres MPs à travers les liens maillés sans fil bidirectionnels. Un ensemble de MPs et les liens maillés forment un WDS, qui le distingue du BSS comme défini dans la norme IEEE 802.11.

Le WLAN maillé proposé définit également un point d'accès maillé (MAP), qui est un MP spécifique mais fonctionne bien comme un AP. Le MAP peut fonctionner comme une partie du WLAN maillé ou dans un des modes de la norme 802.11. Un portail maillé (MPP) est un autre type de MP à travers lequel de multiples WLAN maillés peuvent être interconnectés pour construire des réseaux de réseaux maillés.

Un MPP peut également cohabiter avec un portail IEEE 802.11 et fonctionnera comme un bridge/gateway entre un WLAN maillé et d'autres réseaux dans le DS. Pour identifier un WLAN maillé, un identificateur commun ID est assigné à chaque MP, semblable à l'utilisation de l'ensemble de services des identificateurs (service set identifier: SSID) pour représenter un ESS dans la norme des réseaux 802.11.

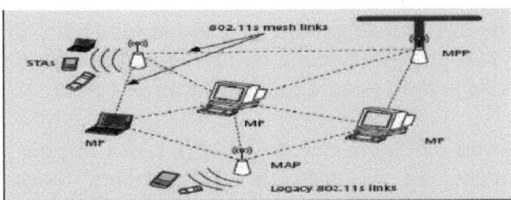

Figure 1.13 : Architecture du réseau *IEEE 802.11s*

1.7.2.3 Configuration et gestion du maillage

L'auto configuration des chemins et des liens offre un des avantages principaux des réseaux maillés. Puisque leur déploiement peut ne pas être gérable, la gestion autonome des modules est exigée pour leur fonctionnement continu.
Les protocoles pour l'association entre MPs et les noeuds en dehors de WLAN maillé peuvent réduire la charge de la configuration manuelle pour le fournisseur de services.

Comme chaque MP peut router les paquets, la panne d'un dispositif n'est pas susceptible d'affecter le réseau. Donc le système peut remédier aux pannes des dispositifs. En outre, les interfaces doivent supporter 802.11h afin de permettre la conformité avec la sélection dynamique des fréquences (dynamic frequency selection: DFS).
Un support pour l'auto configuration des radios fréquences est prévu pour produire des transmissions multi sauts efficaces, l'économie d'énergie, et améliorer la capacité totale.

1.7.3 Les standards des PAN (personal area networks) maillés [8]

1.7.3.1 IEEE 802.15.5

IEEE 802.15.4 spécifie les fonctions des couches physique et MAC des LR-WPANs. Actuellement, l'alliance ZigBee, qui utilise 802.15.4 comme base, travaille sur les spécifications de la couche réseau, application, et sécurité des LR-WPANs(low rate WPANs). IEEE 802.15.5 TG travaille actuellement pour fournir une base de travail architecturale pour avoir des topologies maillées inter opérables, stables et scalables pour les dispositifs des WPAN.

Dans ce qui suit la description brève de l'architecture maillée à bas débit. La proposition est basée sur l'approche d'arbre maillé; elle adresse l'arbre de routage maillé, multi casting, et les prés distributions principales.

L'arbre adaptif robuste l'arbre défini dans la proposition s'appelle l'arbre adaptatif robuste (adaptif robuste tree: ART) basé sur le fait que les adresses logiques sont assignés de manière adaptative pendant la procédure de formation de l'arbre pour refléter la topologie actuelle de réseau et que l'arbre ne contient pas de point individuels de pannes (single point of failures: SPFs).

Dans l'ART, chaque noeud maintient une table ART (ARTT) pour pointer ses branches. Chaque branche est assignée un ou plusieurs blocs d'adresses consécutives.
Fonctionnellement, trois phases sont définies dans l'ART: la phase d'initialisation (ou configuration), la phase d'opération, et la phase de recouvrement.
> ➢ Pendant la phase d'initialisation, les noeuds joignent le réseau et un arbre ART est formé. Après l'initialisation, le réseau rentre dans la phase d'opération, dans laquelle commencent les communications normales.

> ➢ Pendant la phase d'opération, les nouveaux noeuds peuvent toujours joindre le réseau, et s'il y a un changement substantiel dans le nombre de noeuds ou la topologie de réseau, le réseau peut devoir être reconfiguré.

> ➢ Si l'arbre est coupé, la phase de recouvrement est déclenchée. La phase de recouvrement est différente des deux autres phases puisque seulement la partie affectée de l'arbre doit entrer dans la phase de recouvrement (les parties non affectées sont toujours en phase d'opération).

Un arbre ART est formé pendant la phase d'initialisation. La formation d'arbre ART est fonctionnellement divisée en deux étapes: association et assignement d'adresses.
Pendant l'étape d'association, et commençant de la racine, les noeuds joignent graduellement le réseau et un arbre est formé. Mais cet arbre n'est pas encore un arbre ART, puisque aucun noeud n'a été assigné une adresse logique. Après que l'arbre atteigne son fond, un procédé de bas vers le haut est employé pour calculer le nombre de noeuds dans chaque branche, comme montré dans la fig.1.15 les nombres entre parenthèses indiquent le nombre de noeuds dans les branches au-dessous d'un certain noeud.

Quand les nombres des noeuds sont rapportés depuis les feuilles vers la racine, chaque noeud peut également indiquer un nombre souhaitable d'adresses. Le résultat final de l'affectation d'adresses est que chaque noeud a un ARTT.

Pendant la phase d'opération, les pannes de liens ou les pannes de routage de nœuds vont déclencher la phase de recouvrement. L'ARTT est construit de telle manière que la réparation et le recouvrement d'arbre peuvent être accomplis sans changer aucune adresse assignée.

Arbre adaptatif robuste maillé : Un ART maillé (MART) peut être formé sur un ART. Dans la fig.1.16, où l'ART original est relié en utilisant les lignes noires, les lignes discontinues additionnelles sont ajoutées de sorte que le réseau semble à un maillage plus qu'à un arbre.

Mais de point de vue de chaque nœud individuellement, le réseau est toujours un arbre. Deux noeuds quelconques reliés par une ligne discontinue se traitent en tant qu'enfant et ajoutent une entrée ARTT pour chacun.

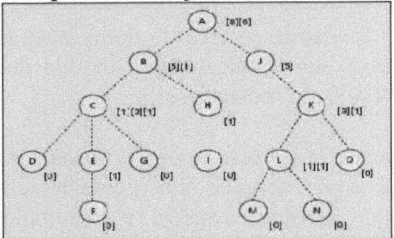 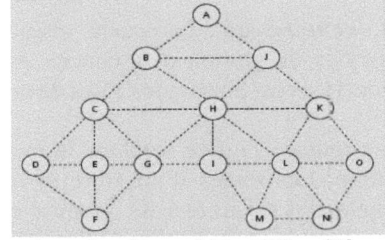

Figure 1.14: Calcul du nombre des noeuds dans chaque branche. **Figure 1.15 : ART maillé.**

Par exemple, le noeud K traite le noeud H en tant qu'enfant, et vice versa. Il n'y a pas de problèmes si les ancêtres et les descendants qui sont loin d'un niveau ou plus du nœud ne sont pas maillés (ne sont pas reliés au noeud par des lignes discontinues). En formant un MART, il est possible de router un paquet par un chemin plus court.

Autre avantage du MART est que certains SPFs sont enlevés. Par exemple, si le lien entre les noeuds J et K est coupé, les paquets du noeud K au noeud H ou I peuvent être routés.

1.7.3.2 ZIGBEE

Dans cette sous-section, nous décrivons brièvement les activités des standards des réseaux LW-WPANs (low rate wireless personal area networks) dans l'alliance ZigBee.

Architecture de la pile: Comme mentionné ci-dessus, La norme IEEE 802.15.4 définit la couche physique et la sous -couche MAC pour les LR-WPANs. L'alliance ZigBee travaille sur la couche application (APL), la couche réseau (NWK), et les services de sécurité.
Actuellement, le standard Zig-Bee est la seule norme maillée prête sur le marché. Il y a trois types de dispositifs logiques définis dans un réseau ZigBee, à savoir, le coordonnateur ZigBee, le routeur ZigBee, et le dispositif final ZigBee.

Un coordonnateur ZigBee est un coordinateur PAN 802.15.4 et doit être un dispositif en pleine fonction (full function device : FFD).
Un routeur ZigBee est un FFD qui participe dans un réseau ZigBee. Un routeur ZigBee n'est pas le coordonnateur ZigBee mais peut agir en tant que coordonnateur 802.15.4 dans son espace de fonctionnement personnel.

Un dispositif final ZigBee est un FFD ou un dispositif de fonction réduite (reduced function device: RFD), qui n'est ni un coordonnateur ni un routeur ZigBee. Les possibilités et les fonctionnalités de ces trois types de dispositifs sont différentes dans le réseau.

Couche réseau : La couche réseau (NWK) fournit le service de données et le service de gestion à la couche APL. Ici nous nous concentrons sur une des fonctions les plus importantes de la couche NWK : le routage maillé.

Le routage ZigBee combine le routage en arbre et le routage en demande sans arbre. Les routes d'un arbre le long d'une seule branche sont généralement optimales si l'arbre a été optimisé en respectant le coût de routage (par exemple, nombre de sauts, qualité de lien, et énergie).

Par conséquent, les routes optimales sans arbre en demande doivent être orthogonales avec une probabilité élevée d'être des routes d'arbre dans le sens où ils relient principalement différentes branches d'arbre. En conséquence, les routes d'arbre et celles sans arbre relient ensemble tous les noeuds et forment une maille.

A travers l'association de primitives supportée par IEEE 802.15.4, un arbre logique, référencé comme arbre-cluster, peut être formé avec l'installation d'un LR-WPAN. Le premier noeud dans le réseau doit se désigner en tant que coordonnateur ZigBee et commence à accepter les demandes d'association d'autres noeuds. Tout noeud déjà dans le réseau peut déterminer s'il laisse d'autres noeuds joindre le réseau (agir en tant que routeur Zig-Bee) selon la capacité de ses ressources telles que la mémoire et l'énergie.

Dans l'arbre-cluster, un noeud peut avoir un nombre maximum Cm d'enfants et un noeud peut être loin au plus Lm niveaux *de la racine* (sauts) (Cm et *Lm* sont deux constantes de réseaux déterminées par le coordonnateur ZigBee). Connaissant Cm, Lm et sa propre adresse et niveau dans l'arbre, un noeud peut calculer les blocs d'adresses à être assignées à ses enfants. Basé sur les spécifications ZigBee V1.0, une version légèrement différente d'algorithmes d'arbre-cluster est employée. Comparé à l'arbre-cluster original, la nouvelle version distingue deux types de dispositifs en assignant des adresses logiques (routeurs et dispositifs finaux).

Un routeur est assigné une adresse de bloc, la quelle peut être encore assignée à ses enfants, mais un dispositif final obtient seulement une simple adresse et ne peut avoir ainsi aucun enfants. Basé sur cette logique, un noeud peut facilement déterminer comment expédier les paquets de données en regardant l'adresse de destination (expédier le paquet de données à un de ses enfants de dispositif final ou à un de ses enfants routeurs ou à son parent).

Ce schéma de routage est référencé comme routage à arbre-cluster. Avec l'arbre-cluster, un dispositif peut immédiatement commencer à transmettre des paquets de données aux autres dispositifs une fois qu'il joint le réseau, sans le procédé de découverte de routes.

Cependant, la plupart des routes d'arbre-cluster ne sont pas optimales pour ce qui concerne le nombre de sauts.

Le routage d'arbre-cluster également résulte dans la distribution inégale du trafic. C'est-à-dire, un noeud à un niveau plus petit dans l'arbre a besoin normalement de gérer plus de trafic qu'un noeud à un plus grand niveau d'arbre. Ainsi, un noeud à un plus petit niveau d'arbre « meurt » plus rapidement que les autres nœuds, à cause de son épuisement rapide de batterie.

Sans des mécanismes additionnels, les points individuels de pannes (single point of failures: SPF) et la partition de réseau peuvent facilement se produire. Par conséquent, dans les réseaux ZigBee, le routage d'arbre-cluster est combiné avec d'autres tables de routage en demande, qui est actuellement basé sur AODVjr(ad-hoc on demand distance victor junior). AODVjr est une version simplifiée du protocole de routage AODV, qui est capable de trouver des routes optimales ou proche d'optimales, et ainsi aide à réduire la latence de la livraison de messages.

Néanmoins, il exige plus de mémoire comparé avec le routage d'arbre-cluster pour stocker les entrées de routage et également introduit une surcharge de contrôle. Comme la plupart des routes sont formées sur demande, la latence initiale causée par les découvertes de routes est importante. En général, AODVjr convient aux dispositifs avec suffisamment de mémoires, et favorise les sessions de communication longues. Le routage ZigBee combine le routage d'arbre-cluster et le routage AODVjr, selon les conditions de réseau et d'application.

1.8 Conclusion

La croissance explosive des communications sans fil a diminué le coût de dispositifs radio et augmenté leur qualité. Avec la capacité de réduire les coûts d'installation, ajouter la flexibilité, et la facilité de déploiement et d'entretien, l'attraction des technologies sans fils a besoins de plus de renfort.

Récemment il y a eu un groupe entier de recherche consacré à la gestion de réseau sans fil maillé. Cela est motivé par certaines caractéristiques uniques des réseaux maillés tels que la rentabilité, l'extension de couverture, tolérance aux pannes, équilibrage de charge, auto configuration, auto curation, et relativement un investissement plus réduit.
Les grandes compagnies et alliances d'industrie sont maintenant activement impliquées dans la recherche sur les réseaux maillés sans fils, et plusieurs groupes de travails IEEE ont été également établis pour travailler sur de nouveaux standards pour les réseaux sans fil maillés.

Cependant, cette technologie impose aux différentes couches protocolaires d'être adaptées pour faire face aux problèmes surgissant lors de son déploiement.

Pour la couche transport les standards existants comme TCP nécessitent d'être revus. Dans le chapitre qui suit nous abordons le protocole TCP.

Chapitre 2

Le protocole TCP

Le protocole IP fournit un transfert non sécurisé de transmission des paquets en mode data gramme. Ce protocole assure la fonction de la couche 3 du modèle OSI. Les protocoles les plus utilisés dans la couche transport (couche 4 selon la représentation OSI) sont UDP et TCP.

Le protocole TCP est plus complexe que le protocole UDP mais il offre un transport sécurisé de données ainsi qu'un certain nombre de contrôles comme nous allons le voir. Il assure la fiabilisation de bout en bout de la connexion entre le client et le serveur.

Il n'a pas été conçu pour être utilisé sur des liens radio. Ces liens présentent des caractéristiques différentes des liens filaires utilisés normalement dans le monde de l'Internet: des taux d'erreurs élevés, des délais de transmission élevés et très variables, des déconnexions fréquentes. Il existe différentes versions de TCP qui réagissent à la congestion de manière différente.

2.1 Caractéristiques du protocole TCP [7]

TCP est un protocole de transport (couche 4 au sens de l'OSI), défini par l'IETF [RFC793] en 1981. Il peut être déployé sur plusieurs types de couche réseau. Toutefois, c'est l'utilisation de TCP sur le protocole IP qui demeure de loin la plus répandue. Il est aujourd'hui le principal protocole de transport du réseau Internet. Il est aussi bien utilisé pour transporter les messages HTTP du service WWW que pour le transfert de fichier FTP, ou encore pour l'échange de mail sur INTERNET (protocoles SMTP, POP3, IMAP, ...).

TCP a considérablement évolué au court du temps. Plusieurs mécanismes sont venus améliorer les performances du protocole initial. La version du protocole présente aujourd'hui dans la majorité des systèmes d'exploitation est la version dite Reno.

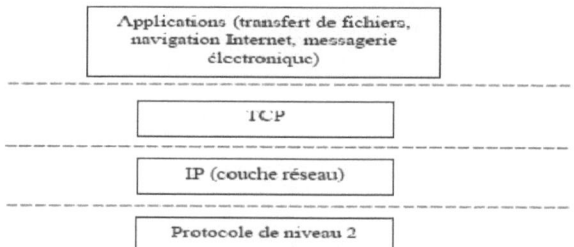

Figure 2.1 : Positionnement de TCP dans le modèle TCP/IP

La fiabilité du service apportée par TCP repose sur plusieurs mécanismes qui vont être abordés dans la suite.

- La transmission des segments sur le réseau est protégée par un mécanisme d'expiration de timeouts et d'acquittements (Si l'acquittement correspondant à un segment n'est pas reçu avant l'expiration du hors temps, le segment est retransmis);
- TCP numérote les octets. Chaque segment contient une plage d'octets. Le début de la plage est indiqué dans le segment pour permettre de les réordonner si la couche réseau ne garantit pas la remise des paquets envoyés (ce qui est le cas de IP) ;
- TCP apporte un mécanisme de contrôle de flux permettant d'éviter qu'un équipement rapide sature un équipement plus lent ;
- Le contenu du segment TCP et ses entêtes sont protégés par un code détecteur d'erreur. Tout segment reçu avec une séquence de contrôle erronée est ignoré par le récepteur ;
- Des mécanismes de contrôles de congestion sont mis en place par TCP pour adapter le débit d'émission à la charge du réseau et ainsi éviter des pertes sur les équipements intermédiaires (les routeurs).

Fonctionnement par flux (stream orientation)
Deux applications échangeant de gros volumes de données s'échangent en fait des flux de bits. TCP est le service protocolaire permettant une transmission sécurisée de ces flux.

Connexion par circuit virtuel
Quatre étapes ponctuent le fonctionnement d'une connexion par TCP :
Avant le transfert des données, l'émetteur et le récepteur échangent des données nécessaires à leur couche protocolaire. On utilise la notion de "Call Accept" (comme par le protocole X25).
Les couches protocolaires échangent des messages pour vérifier que le transfert est possible et autorisé.

Une fois les vérifications faites, la couche transport informe l'application qu'elle peut utiliser la connexion qui vient d'être établie. La couche applicative voit donc la connexion comme un tuyau bi-directionnel dans lequel les données (structurées ou non) vont être véhiculées. Durant le transfert, les couches transport poursuivent leur dialogue indépendamment des dialogues des couches applicatives (ou plus exactement de manière transparente pour ces couches 7 du modèle OSI). Ce dialogue a pour but de:

- ➢ vérifier que les données arrivent vers la bonne destination, sans détérioration et sans engorgement du réseau.
- ➢ rétablir la connexion si celle-ci est "*tombée*" durant le transfert.

Transfert bufferisé
L'application émet et reçoit les données au rythme et suivant les volumes qu'elle souhaite. La couche transport découpe de manière transparente ces buffers pour les passer à la couche IP.

Ce découpage entraîne la création de paquets. TCP optimise ce découpage afin de garantir le meilleur débit possible. Pour ce faire, il lui est possible de temporiser l'émission de données en attendant le remplissage complet d'un paquet à transmettre à la couche IP.

Il est possible pour certaines applications d'utiliser une méthode "push" pour envoyer les données au rythme de l'application : on peut par exemple envoyer les données octet par octet. Le contrôle de flux offert par TCP est alors intéressant.

Flux non structuré
La couche TCP n'impose pas une structure particulière aux données véhiculées : elle considère les données applicatives comme des boîtes noires. Cette technique donne une certaine souplesse d'utilisation.

Connexion bi-directionnelle (ou mode full duplex) Les transferts peuvent s'effectuer simultanément dans les deux sens. Il n'y a pas de contrainte spécifique.

Transport sécurisé par TCP
TCP se base sur des ACKnowledges "positifs" avec retransmission possible des paquets invalidés. Cette solution implique la possibilité de transmettre des messages d'acquittements.
L'émetteur conserve un enregistrement des paquets émis et attend un ACKnowledge pour émettre le paquet suivant.

Il arme également un timer et retransmet le paquet si ce timer est expiré (s'il est revenu à zéro). L'inconvénient de cette méthode est que l'émission se déroule paquet par paquet. TCP introduit donc la notion de fenêtre glissante : l'émetteur peut envoyer plusieurs paquets avant la réception d'un acquittement (schéma ci-dessous).

Chapitre2 — Le protocole TCP

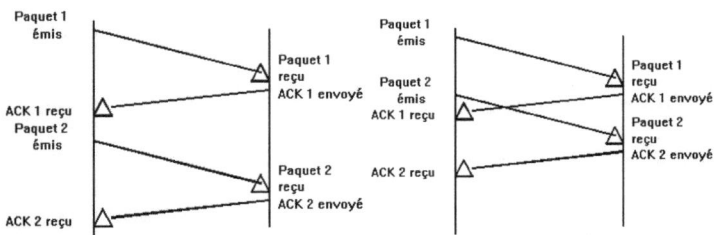

Figure 2.2 : Emission et réception des données et des ACK dans TCP.

2.2 Fonctionnement de TCP [7]

Nous allons détailler plusieurs caractéristiques essentielles propres au protocole TCP.

Taille de fenêtre variable et contrôle de flux
Le protocole TCP autorise la modification de la taille de la fenêtre d'acquittements des paquets. TCP utilise une technique de fenêtre glissante dont la taille pourrait être quelconque. En voici un exemple :

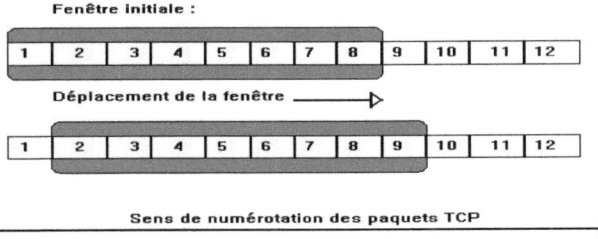

Figure 2.3 : La fenêtre glissante de TCP

Ce déplacement de fenêtre a été autorisé grâce à l'émission d'un paquet ACK. Dans ce paquet TCP, on retourne le nombre d'octets ayant été reçus ainsi que le nombre d'octets supplémentaires que la machine réceptrice est capable d'accepter. Par exemple, si 400 octets ont été reçus correctement et que la machine réceptrice pourrait en recevoir 800 selon le même débit, elle avertit l'émetteur qu'elle peut accepter 400 octets supplémentaires.
Ainsi donc, l'émetteur modifiera la fenêtre d'acquittements en conséquence. De la même manière, si la machine réceptrice reçoit des buffers trop gros, elle utilise ce mécanisme pour que l'émetteur réduise la fenêtre d'acquittements. Si les buffers de réception sont pleins, le récepteur peut mettre la taille de sa fenêtre de réception à zéro. Dans ce cas, l'émetteur arrête le trafic TCP jusqu'à ce que le récepteur autorise de nouveau le dialogue. Aucune donnée n'est donc perdue par engorgement.

Cette technique permet donc :
- D'optimiser les transferts selon le débit qui convient le mieux aux machines mises en jeu,
- Assure un transport fiabilisé puisque TCP vérifie par un mécanisme d'acquittements précis si les données sont correctement véhiculées.

Un problème de contrôle de flux n'est toutefois pas résolu par cette solution. En effet, les paquets TCP peuvent être amenés à passer par des gateways. Ces dernières ont un débit qui peut être différent de celui de la machine destinatrice : le contrôle de flux ne concerne pas uniquement les machines émettrice et réceptrice). Pour palier ce problème, TCP s'interface avec le protocole ICMP et gère les paquets de type "source quench" définis par ce protocole.

Structure des paquets TCP
Il existe plusieurs types de segments :
- Des segments de données (les données applicatives y sont encapsulées de manière transparente),
- Des segments d'acquittements (i.e. des ACK),
- Des segments d'établissement de connexion (lors de l'initialisation du dialogue entre émetteur et récepteur),
- Des segments de changement de taille de fenêtre ("*Window advertising segment*"),
- Enfin des segments de fermeture de connexion.

Remarque : il est important de noter qu'un acquittement peut être transporté dans un segment de données (ce qui réduit le nombre de segments transmis).

La structure d'une trame TCP est la suivante :

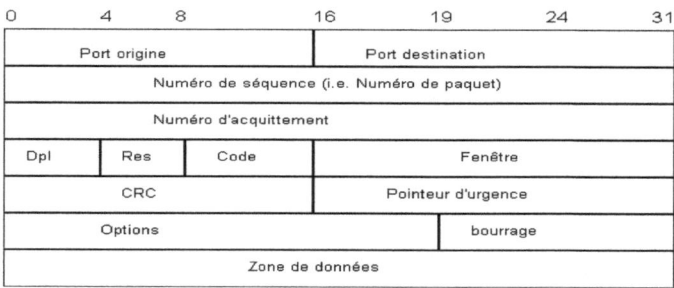

Figure 2.4 : Structure d'une trame TCP

Comme le protocole UDP, TCP utilise des numéros de ports pour différencier les connexions dont il a la charge. Les champs "**Port Origine**" et "**Port**

Destination" désignent donc deux entiers correspondant aux ports sur lesquels les applications émettrice et réceptrice tournent, ils sont codés sur 16 bits.
Le numéro de séquence désigne le numéro de segments de données de l'émetteur. Le numéro d'acquittement représente le dernier segment reçu par le récepteur, ils sont codés sur 32 bits.

Le champ déplacement, codé sur 4 bits, indique le nombre de mots de 32 bits contenu dans l'entête TCP. La taille maximale de l'entête TCP est donc de 60 octets; Ce champ est obligatoire car le champ options est de taille variable.

Le champ "**res**" est réservé par le protocole mais non utilisé de nos jours, il est de 6 bits.

Le champ "**code**" permet de différencier les types de segments TCP. Il se découpe en bits. Chaque bit prend la valeur 0 ou 1 pour invalider/confirmer l'utilisation des autres champs du segment. Le champ "**code**" se lit donc de la manière suivante :

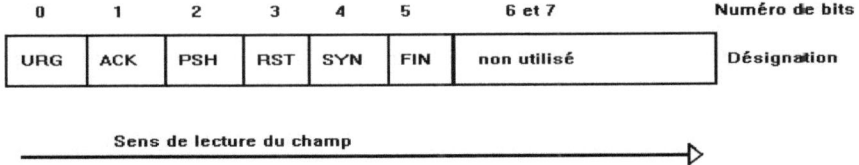

Figure 2.5 : Structure du champ « options ».

Le champ "Fenêtre" spécifie le nombre d'octets que le récepteur souhaite recevoir, il est codé sur 16 bits.

Une séquence de contrôle Checksum sur 16 bits permet de protéger le contenu de l'entête TCP, les adresses source et destination IP contre les erreurs de transmissions.

Le champ "**Pointeur d'urgence**" représente la position - dans la zone de données - à laquelle les données urgentes se terminent. A partir de cette position et jusqu'à la fin du segment les données sont standards.

Le champ "Option" peut par exemple désigner une taille maximale de segment TCP. Cela peut être utile pour des machines qui ont de petits buffers.

Une partie de Bourrage destinée à aligner la taille de l'entête TCP sur un multiple de 32 bits.

Calcul du Checksum

Le champ CRC contient sur 16 bits le résultat du calcul de checksum des paquets TCP. TCP se base sur le même calcul que le protocole UDP : UDP utilise le même algorithme qu'IP pour calculer ce checksum. Le calcul du CRC utilise un pseudo-header (un deuxième ensemble de champs). Le pseudo-header et l'ensemble (entête TCP - Zone de données TCP) interviennent donc dans le calcul du CRC.

Etablissement d'une connexion par TCP :
L'ouverture d'une connexion TCP s'effectue en trois phases; appelée « three way Handshake » :

➢ Le premier paquet SYN sert à établir la connexion pour le sens de transmission A->B.
L'envoie de ce message provoque l'attribution d'un port TCP au niveau de A. Il faut remarquer à ce stade que l'émetteur du premier paquet SYN connaît le numéro de port TCP sur la machine destination (paradigme client serveur);

➢ Le deuxième paquet (SYN, ACK) établit la connexion pour le sens de transmission B->A et confirme la demande d'établissement de connexion pour le sens A->B ;

➢ Le troisième paquet ACK acquitte l'établissement de la connexion pour le sens de transmission B->A.

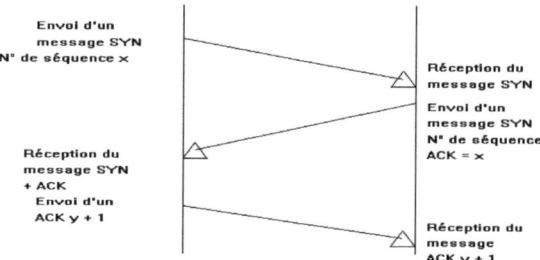

Figure 2.6 : Les phases d'établissement d'une connexion TCP.

Au cours de cette procédure, l'émetteur et le récepteur vont également s'accorder sur plusieurs paramètres de la connexion :

➢ Négociations des options TCP ;
➢ Calcul du numéro de séquence initiale (ISN). L'ISN est le numéro à partir duquel les octets vont être numérotés pour chaque sens de transmission. L'ISN est incrémenté par le système pour permettre d'éviter les confusions

entre deux connexions de même identifiants (adresseIP+numéro de port) mais décalées dans le temps;
➢ Choix d'une taille de fenêtre d'anticipation pour le début de la connexion.

TCP différencie l'équipement qui est à l'origine de l'ouverture de la connexion– le client– de l'équipement qui reçoit une demande d'ouverture de connexion–le serveur–, on dit que le client effectue une ouverture active (qui requiert l'attribution d'un port); le serveur effectue une ouverture passive (utilisation d'un port prédéterminé connu d'avance par le client).

Arrêt d'une connexion
TCP place le bit FIN à 1 pour signaler la fin d'un transfert. TCP utilise une fermeture de connexion symétrique en quatre phases. Toutefois, cette fin de transfert peut n'être valable que pour une direction donnée. En effet, puisque TCP fonctionne en full-duplex, il est possible qu'un transfert se poursuive dans un sens alors que dans l'autre sens la connexion est close. Les messages FIN servent à déclencher la procédure de libération de connexion pour un sens de transmission. Chaque message FIN est acquitté par un acquittement ACK.

Reset d'une connexion
Si un problème réseau survient, TCP est capable de lancer le reset d'une connexion. Les machines émettrice et réceptrice émettent alors un segment de RESET en plaçant le bit RST du champ CODE à 1.

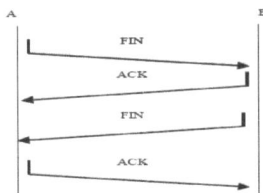

Figure 2.7 : Fin d'une connexion TCP.

Contrôle d'erreurs
Le contrôle d'erreurs de TCP est basé sur un mécanisme de fenêtre glissante et sur une politique d'acquittements cumulatifs. Les timeouts de retransmission et la taille de la fenêtre d'anticipation sont variables et dépendent de la charge du réseau traversée par la connexion considérée. Ils sont calculés dynamiquement par l'émetteur sur la base des acquittements reçus. Les acquittements accusent réception d'une plage d'octets contigus.

Variables d'état associées au mécanisme de fenêtre glissante de TCP

Plusieurs variables d'états sont utilisées pour permettre de rendre compte de l'état d'avancement d'une connexion. Les variables suivantes sont maintenues au niveau de l'émetteur :

- ➤ SND.UNA (send unacknowledged) indique le dernier numéro d'octet envoyé et non acquitté.
- ➤ SND.NXT (send next) indique le prochain numéro d'octet que l'émetteur doit envoyer.
- ➤ SND.WND (send window) précise la taille de la fenêtre d'anticipation.

Le récepteur maintient les variables suivantes:

- ➤ RCV.NXT (receive next) indique le prochain numéro d'octet attendu en séquence par le récepteur.
- ➤ RCV.WND (receive window) précise la taille de la fenêtre de réception.

Gestion des retransmissions
Lorsqu'un segment est transmis pour la première fois, il se voit assigner un timeout de retransmission. Le timeout de retransmission et l'instant d'émission du segment sont stockés dans le TCB associé avec le segment. Le segment est également placé dans un buffer de retransmission en attendant un acquittement.

Par ailleurs, le système maintient une variable d'état appelée RXLMT, qui est égale au timeout de retransmission du segment dont la date d'émission est la plus ancienne.
RXLMT fonctionne comme un compte à rebours qui est décrémenté en moyenne toutes les 500 ms (sur certains systèmes toutes les 200 ms). Si RXMLT atteint une valeur négative ou nulle, TCP retransmet le segment le plus ancien en recalculant le timeout de retransmission. RXMLT pointera alors sur le segment suivant du buffer de retransmission.

Lorsque le segment le plus ancien est correctement acquitté, il est retiré du buffer de retransmission. RXMLT devient égale à la valeur du RTO associé au segment suivant moins le temps que ce dernier a passé dans le système.

Comme les segments TCP passent par des gateways et des machines dont les performances sont variées, TCP doit adapter les timers suivant la topologie du réseau physique par lequel les données circulent. Pour ce faire, il utilise un algorithme adaptatif. Il enregistre les temps auxquels les paquets sont émis et les temps auxquels il a reçu les acquittements leur correspondant. TCP en déduit alors un temps moyen d'émission. Ce temps est perpétuellement réajusté en fonction du trafic.

2.3 Différentes versions de TCP [7]

2.3.1 TCP Tahoe

La version TCP Tahoe a était développée en 1988, elle a introduit plusieurs améliorations au protocole TCP originel [RFC 793] :
- Le mode slow start;
- Le mode Congestion avoidance;
- Le Fast retransmit: Cet algorithme permet de corriger une erreur par fenêtre d'anticipation en évitant de déclencher une retransmission par expiration de timeout. Le Fast retransmit se déclenche dés que le récepteur détecte l'arrivée d'un paquet hors séquence.

Le récepteur envoie immédiatement un acquittement portant le numéro du dernier octet attendu en séquence, ce qui a pour effet de faire passer l'émetteur en mode « slow start »; le même acquittement est envoyé à chaque nouveau segment reçu. La retransmission du paquet est déclenchée lorsque l'émetteur reçoit trois acquittements dupliqués.

L'émetteur ne conservant pas l'historique des segments transmis, il est obligé de retransmettre tous les octets compris entre le dernier octet correctement envoyé et acquitté et SMSS octets plus loin. Par ailleurs, l'émetteur reste en mode « slow start » lorsque le paquet retransmis est correctement acquitté.

2.3.2 TCP Reno

Développé par Van Jacobson en 1990 et est une amélioration de TCP Tahoe.

La version TCP Reno a introduit le mécanisme de « fast recovery ». Ce mécanisme améliore les performances du « fast retransmit » en permettant à l'émetteur de rester en mode « congestion avoidance » après la phase de « fast retransmit ». Le seuil ssthresh et la fenêtre de congestion sont néanmoins recalculés comme indiqué ci après, lorsque le segment perdu est correctement retransmis.

De plus, pendant la phase de « fast retransmit », l'émetteur adopte une nouvelle politique d'émission. En effet, la fenêtre de congestion est systématiquement incrémentée de SMSS octets ou d'un segment à chaque acquittement dupliqué reçus.

Ces acquittements correspondent à des paquets transmis et correctement reçus par le récepteur. Ce comportement transitoire fait que la croissance de la fenêtre de congestion n'est plus linéaire mais exponentielle pendant se court laps de temps.

2.3.3 TCP New Reno

TCP New Reno améliore TCP Reno en permettant de faire face à plus d'une erreur de retransmission en se basant sur la réception d'acquittements partiels [RFC 2582].
Il s'agit d'un mécanisme expérimental destiné à palier l'absence d'acquittements sélectifs. Ce mécanisme est inutile dans le cas où TCP implémente un mécanisme d'acquittements sélectifs.

TCP new Reno introduit une nouvelle variable d'état, appelée « recover », qui contient le numéro du dernier octet envoyé en séquence et non acquitté. Lorsque le récepteur détecte un trou dans la séquence des octets, il se place en mode « fast retransmit ». Une fois le segment retransmit par la procédure de « fast retransmit », si aucun autre trou n'existe dans la séquence du récepteur, le récepteur envoie un acquittement accusant réception de tous les octets reçus par le récepteur.
L'émetteur met alors à jour sa variable « recover ». S'il y a un autre trou dans la séquence, le récepteur génère un acquittement partiel, et l'émetteur met à jour la variable « recover ».

2.4 Contrôle de congestion [7]

Du point de vue de contrôle de congestion, en situation idéale, un émetteur devrait être capable d'envoyer une quantité d'information égale au produit délai - bande passante du lien considéré. Néanmoins, ceci n'est pas toujours possible en raison de la variabilité de la charge du réseau et des situations de congestion qui peuvent en résulter.

C'est pourquoi TCP propose un mécanisme de contrôle de congestion, qui permet d'évaluer en temps réel la quantité maximale d'informations transmissibles sur le réseau. Cette quantité, dénommée fenêtre de congestion (ou « congestion window » cwnd) n'apporte pas de garantie absolue. Il s'agit plutôt d'une quantité d'informations supposée ne générer à priori aucune situation de congestion.

Cwnd peut s'exprimer soit en octets soit en nombre de segments de taille maximale.
Le contrôle de congestion TCP s'appuie sur deux modes de fonctionnement :

> ➤ Le mode « slow start » : Un émetteur se place dans ce mode s'il vient juste d'initier sa connexion, ou s'il a détecté auparavant une situation de

congestion. Il s'agit d'un régime transitoire dans lequel l'émetteur va tester l'état d'encombrement du réseau, de manière à déterminer la fenêtre de congestion optimale.

La taille de la fenêtre de congestion est réactualisée suivant l'algorithme décrit par la suite. Si la variable cwnd atteint une valeur seuil, appelée sstresh (slow start threshold size), l'émetteur passe en mode congestion avoidance;

- Le mode « congestion avoidance »: Il s'agit d'un régime quasi permanent. Un émetteur reste dans ce mode, tant que la connexion est active et qu'il ne détecte pas de situation de congestion. Le mode « congestion avoidance » suppose que la fenêtre de congestion a atteint une valeur qui est à priori proche de l'optimum.

TCP permet néanmoins d'augmenter cwnd pour tester si le réseau ne peut pas transmettre davantage d'informations. Par la suite la procédure utilisée pour calculer cwnd en mode « congestion avoidance » est détaillée.

2.4.1 Variables d'états associées au contrôle de congestion

La recommandation [RFC2581] définit les variables d'états suivantes associées au contrôle de congestion :
- SMSS (Sender Maximum Segment Size) est la taille maximale de segment TCP, hors entête, que l'émetteur est autorisé à transmettre. Cette valeur peut être déterminée via l'option TCP MSS, ou encore la procédure de Path MTU discovery.
- RMSS (Receiver Maximum Segment Size) indique la taille maximale de segment que le récepteur est en mesure de recevoir.
- Rwnd (receive window) indique le nombre d'octets que le récepteur est en mesure de stocker dans ces buffers.
- Cwnd (congestion window) indique la taille de la fenêtre de congestion.
- IW (Initial Window) indique la taille initiale de la fenêtre de congestion à l'ouverture d'une connexion TCP.
- LW (Loss Window) indique la taille de la fenêtre de congestion à l'issue d'une expiration de hors temps TCP.
- RW (Restart Window) indique la taille de la fenêtre de congestion lorsque la transmission de données reprend sur une connexion TCP suite à une longue période d'inactivité.

2.4.2 Mode de démarrage lent (slow start)

Lors du démarrage du mode « slow start » la taille initiale de la fenêtre de congestion doit satisfaire une double condition [RFC 2581] :

> IW ne doit pas dépasser deux segments TCP ;

> Le nombre total d'octets envoyé doit être inférieur ou égal à 2*SMSS octets. Ceci permet d'éviter qu'un émetteur puisse envoyer plusieurs segments dans la limite des 2*SMSS octets.

L'accroissement de la fenêtre de congestion est ainsi limité à deux segments pour le premier RTT. L'émetteur peut donc commencer par envoyer un ou deux segments. Lorsque qu'il les a envoyés, il suspend sa transmission jusqu'à la réception des acquittements correspondants.

Si aucun segment n'est perdu pendant la durée des timeouts, la taille de la fenêtre de congestion est incrémentée d'un segment [RFC 2001] ou d'au plus SMSS octets [RFC 2581], à chaque acquittement reçu. L'expiration d'un hors temps de retransmission réinitialise le processus de « slow start », et une nouvelle variable, appelé LW (Loss Window), indique la nouvelle valeur de cwnd. LW est systématiquement positionnée à 1 [RFC 2581], et ce quelque soit la valeur de IW.

Par ailleurs à l'issue d'une expiration de hors temps, le seuil ssthresh est recalculé suivant l'expression ssthresh=max(FlightSize/2, 2*SMSS) où FlightSize est le nombre de segments envoyés et non acquittés au moment où le hors temps expire.

La taille de Cwnd double après chaque RTT (augmentation exponentielle). Le slow start est répété jusqu'à ce que le seuil soit atteint, permettant aux routeurs de vidanger leurs files d'attentes.

2.4.3 Mode d'évitement de congestion (congestion avoidance)

Le récepteur passe en mode « congestion avoidance » lorsque la taille de la fenêtre de congestion est supérieure ou égale à ssthresh. Cwnd est réactualisée suivant un principe postulant que son augmentation doit être égale à un segment de taille maximale sur une période de temps égale à un RTT(augmentation linéaire).

Cette remise à jour n'est effective que si tous les paquets transmis pendant ce RTT sont acquittés correctement. L'implémentation stricte de ce principe dans les systèmes d'exploitation est difficile à réaliser. Aussi plusieurs méthodes sont utilisées pour approcher ce comportement. L'une d'entre elles consiste à incrémenter la fenêtre de congestion d'une valeur égale à cwnd+SMSS*SMSS/cwnd pour chaque acquittement reçu [RFC 2581].

Quand les pertes sont détectées par des acquittements doubles, indiquants que les paquets suivants ont été reçus, TCP retransmet le paquet perdu, divise en deux la fenêtre de congestion, et se relance avec la phase «congestion avoidance ».

Par ailleurs, si le timeout d'un segment venait d'expirer durant la phase « congestion avoidance », l'émetteur repasserait en mode « slow start » et cwnd et ssthresh seront recalculés comme indiqué précédemment.

Les pertes multiples peuvent répétitivement réduire le seuil du « slow start », causant le retard de début de la phase « congestion avoidance », menant à une grande dégradation du débit.

2.4.4 Retransmission rapide « Fast retransmit »

Des modifications ont été apportées pour l'algorithme de « congestion avoidance » en 1990. Avant de décrire le changement, il faut savoir que TCP peut produire un acquittement immédiat (un acquittement dupliqué) quand un segment est reçu en désordre, une raison de faire ainsi est l'algorithme « Fast retransmit ». Cet acquittement dupliqué ne doit pas être retardé.

Le but de cet acquittement dupliqué est de faire connaître l'autre extrémité qu'un segment est reçu en désordre, et pour lui indiquer le numéro d'ordre attendu. Puisque TCP ne sait pas si l'acquittement dupliqué est provoqué par une perte de segment ou juste un désordre des segments, il attend de recevoir un petit nombre d'acquittements dupliqués.

S'il y a juste un désordre des segments, il y aura seulement un ou deux ACKs doubles avant que le segment sera reçu, qui produira alors un nouveau ACK. Si trois acquittements doubles ou plus sont reçus dans une rangée, c'est une indication forte qu'un segment a été perdu. TCP alors retransmit ce qui semble être segment perdu, sans attendre le temporisateur de retransmission d'être expiré.

2.4.5 Recouvrement rapide « Fast recovery »

Après que le « fast retransmit » envoie ce qui semble être le segment perdu, « congestion avoidance » et pas « slow start » est effectuée. C'est l'algorithme « Fast recovery ». C'est une amélioration qui permet un haut rendement sous la congestion modérée, particulièrement pour de grandes fenêtres.
La raison de ne pas effectuer le « slow start » dans ce cas-ci est que la réception d'acquittements dupliqués indique à TCP davantage que juste un paquet est perdu. Puisque le récepteur peut seulement produire un acquittement double

quand un autre segment est reçu, ce segment a quitté le réseau et est dans les buffers du récepteur. C'est-à-dire, il y a encore des données qui circulent entre les deux extrémités, et TCP ne veut pas réduire le flot en rentrant dans le « slow start ».

Les algorithmes « Fast retransmit » et « Fast recovery » sont souvent implémentés ensemble comme suit:

1. Quant le troisième acquittement dupliqué dans une rangée est reçu :

> - placer le ssthresh à un demi- de la fenêtre de congestion courante, cwnd, mais pas moins que deux segments.
> - Retransmettre le segment perdu.
> - Placer le cwnd à ssthresh plus 3 fois la taille de segment.

Ceci gonfle la fenêtre de congestion par le nombre de segments qui ont quitté le réseau et que l'autre extrémité a sauvegardé.

2. Chaque fois qu'un autre acquittement dupliqué arrive :

> - incrémenter cwnd par la taille de segment. Ceci gonfle la fenêtre de congestion pour le segment additionnel qui a quitté le réseau.
> - Transmettre un paquet, si permis par la nouvelle valeur du cwnd.

3. Quand le prochain ACK arrive qui acquitte de nouvelles données, placer le cwnd au ssthresh (la valeur de l'étape 1). Cet ACK devrait être l'acquittement de la retransmission de l'étape 1, un RTT après la retransmission. En plus, cet ACK devrait acquitter tous les segments intermédiaires envoyés entre le paquet perdu et la réception du premier acquittement dupliqué. Cette étape est « congestion avoidance », puisque TCP est baissé vers un demi- du taux qui était le moment où le paquet a été perdu.

L'algorithme « Fast retransmit » est apparu la première fois dans la version Tahoe 4.3BSD, et il a été suivi de « slow start ». L'algorithme « Fast recovery » est apparu dans la version Reno 4.3BSD.

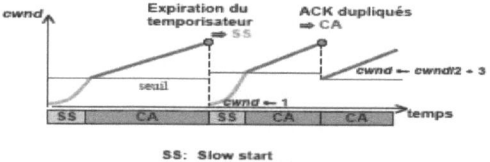

Figure 2.8 : Les différentes phases de contrôle de congestion dans TCP.

2.5 Calcul du timeout de retransmission (RTO) [7]

Le timeout de retransmission TCP, appelé RTO, est calculé différemment, suivant la présence ou l'absence de retransmission dans la fenêtre d'anticipation courante.

Calcul du RTO en l'absence de retransmissions
En absence de retransmissions, le calcul du RTO s'appuie sur la mesure du RTT. Le RTT est mesuré par l'émetteur, en évaluant l'intervalle de temps entre l'émission d'un segment TCP et la réception de son acquittement.
Les mesures de RTT ne peuvent être effectuées que pour des acquittements non dupliqués (algorithme de Karn). En effet, en présence d'acquittements dupliqués et en l'absence de l'option timestamp, l'émetteur est dans l'impossibilité d'associer un segment à son acquittement.

L'émetteur calcule à intervalles de temps variables la moyenne SRTT (smoothed round trip time) et la variabilité RTTVAR des RTT observés. La fréquence des mesures de RTT n'est pas précisée dans les documents de l'IETF.

 La seule contrainte, donnée par le [RFC 2988], impose qu'un équipement doit effectuer au moins une mesure de RTT sur une période de temps équivalente à un RTT.

La procédure de calcul du RTO est la suivante :

- Au début de la connexion, lorsque le premier RTT est mesuré, RTTVAR, SRTT et le RTO sont donnés par les relations [RFC 2988] (1), (2) et (3) ;
  SRTT=RTT (1)
  RTTVAR=RTT/2 (2)
  RTO=SRTT + max(G,K*RTTVAR) (3), où K=4 et G correspond à la granularité du compteur RXMLT pour le système considéré (les premières versions de TCP avaient pour granularité 500ms. Les versions plus récentes utilisent une valeur de 100ms).

- En cours de la connexion, à chaque nouvelle mesure de RTT, les paramètres RTTVAR, SRTT et le RTO sont donnés par les relations [RFC 2988] (4), (5) et (6).
  SRTT= (1- α) SRTT+α*RTT (1) (4)
  RTTVAR= (1- β) RTTVAR+β*|RTT-SRTT| (5)
  RTO=SRTT + max (G,K*RTTVAR), où K=4 (6)

  Les paramètres α et β sont des termes correctifs permettant de jouer sur la sensibilité de TCP vis à vis des dernières mesures effectuées (habituellement α=1/8 et β=1/4 dans les implémentations existantes de TCP). Le RTO reste toutefois compris entre une seconde et soixante secondes [RFC 2988].

Calcul du RTO en présence de retransmissions
En cas de retransmissions, l'usage des RTT n'est plus fiable. L'émetteur n'est plus en mesure d'associer avec certitude les segments et les acquittements correspondants (en l'absence de l'option timestamp). Dans ce cas de figure, TCP prévoit de doubler le RTO utilisé pour la transmission qui vient d'échouer. Si plusieurs tentatives de retransmissions sont nécessaires, le RTO est doublé à chaque nouvelle tentative. Sitôt que le(s) paquet(s) retransmis est (sont) acquitté(s), le RTO est calculé suivant la méthode exposée précédemment.

2.6 Les options de TCP [7]
Principe de fonctionnement des options de TCP

Les options de TCP sont des fonctionnalités qui ne sont pas obligatoires. Le client et le serveur doivent se mettre préalablement d'accord avant de pouvoir utiliser une option.
Cette phase de négociation a lieu à l'établissement de la connexion. Une entité (client ou serveur) n'étant pas en mesure de supporter une option particulière doit l'ignorer.

Les options utilisées lors d'une connexion TCP sont indiquées dans les entêtes des segments associés. Les options ont une taille multiple de 8 octets. Le début d'une option n'est pas nécessairement aligné sur un multiple d'octet.

Deux formats d'options sont possibles. Le premier format est utilisé pour les options réduites à un octet. Le deuxième format d'option répond à la structure générale (type, longueur, données). Les champs type et longueur sont codés sur un octet. Le champ longueur indique la longueur totale de l'option.

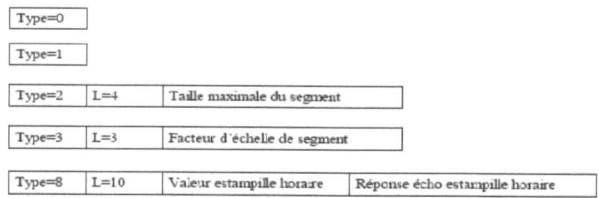

Figure 2.9 : le format des types d'options TCP.

> **L'option MSS (Maximum Segment Size)**
> L'option MSS est utilisée pour permettre de négocier la taille maximale des segments TCP échangés entre deux machines pour une connexion TCP donnée.

➢ L'option NOP (option pas d'opération)
Le champ option TCP doit avoir une taille multiple de 4 octets. Ce champ permet de faire du bourrage si la taille cumulée de toutes les options TCP n'est pas alignée sur un multiple de 4.

➢ L'option « Timestamp »
Cette option permet d'horodater l'envoi des segments TCP. L'émetteur recopie l'instant d'émission du segment dans l'entête de ce dernier dans le champ option réservé à cet effet. Le récepteur réceptionne le segment et recopie cette marque temporelle à l'identique dans les acquittements correspondants (il peut s'agir aussi bien d'acquittements spécifiques que de segments véhiculant des données).

➢ L'option PAWS
L'option PAWS permet d'éviter des confusions entre des segments différents mais possédant un numéro de séquence identique suite à un rebouclage du compteur d'octets. Cette option est utilisée conjointement avec l'option timestamp pour être en mesure de différencier deux segments différents portant le même numéro de séquence.

➢ RTTM (Round Trip Time measurement)
L'option timestamp peut également être utilisée pour permettre de mesurer plus précisément les RTT notamment lors de retransmission. Le RTT permet en effet d'associer de façon non ambiguë un segment et son acquittement en mettant en correspondance leurs étiquettes temporelles.

➢ L'option Windows Scaling
Cette option permet d'accroître la taille de la fenêtre de réception (rwin) en permettant de spécifier des tailles de fenêtres multiples de 64K octets.
La taille de la nouvelle fenêtre de réception est donnée par $2i *64$ Ko où i est codé en binaire dans le champ compteur de décalage de l'option Windows scaling.

➢ Les options liées aux acquittements sélectifs SACK, DSACK, FACK
Plusieurs options ont été spécifiées pour permettre de reprendre plusieurs erreurs dans la même fenêtre. L'option SACK a été définie pour permettre de reprendre plusieurs erreurs de transmission dans la même fenêtre de transmission.
L'option DSACK est une amélioration de SACK qui permet au récepteur d'indiquer à l'émetteur l'occurrence de segments dupliqués. L'option FACK améliore l'option SACK en permettant de calculer le nombre de segments en cours de transmission sur le réseau (et donc non encore acquittés).

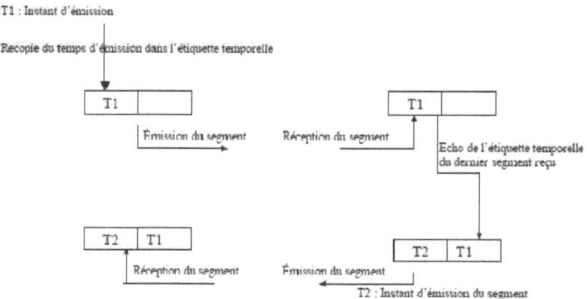

Figure 2.10 : L'option « Timestamp » dans TCP.

> **Présentation de l'option SACK**

L'option SACK est une option de TCP permettant de mettre en oeuvre une politique de retransmission sélective [RFC 2018].

Le SACK est mis en oeuvre dés que le récepteur s'aperçoit d'une rupture de séquence dans le flux TCP. Le récepteur retourne alors à l'émetteur un acquittement contenant le dernier numéro d'octet reçu en séquence (champ ACK traditionnel) et la dernière plage d'octets contiguë correctement reçue, située juste après la dernière rupture de séquence observée.

Le récepteur peut ainsi envoyer dans un acquittement trois plages d'octets contiguës servant à indiquer la position des trois dernières ruptures de séquence observées dans la fenêtre courante.

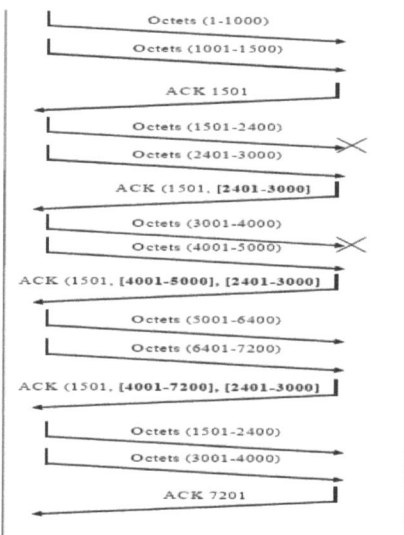

Figure 2.11 : Exemple des ACK sélectifs

➤ L'option Echo TCP

Une méthode simple pour mesurer le RTT d'un segment est que l'émetteur place une estampille dans le segment et le récepteur retourne cette estampille dans le segment ACK correspondant. Quand le segment ACK arrive à l'émetteur, la différence entre le moment courant et l'estampille est le RTT.

Pour appliquer cette méthode de synchronisation, le récepteur doit simplement refléter ou faire écho des données choisies (l'estampille) des segments de l'émetteur. Cette idée est la base de l'"écho de TCP" et les options "de réponse d'écho de TCP".

2.7 Explicit Congestion Notification (ECN)[18]

2.7.1 Random Early Detection (RED)

Random Early Detection (RED) est un mécanisme pour la gestion de file d'attente active qui a été proposé pour détecter la congestion, et actuellement est déployé dans l'épine dorsale d'Internet. Bien que RED est censé être un mécanisme général en utilisant une de plusieurs solutions pour l'indication de congestion, dans l'environnement courant d'Internet, RED est limité à employer la suppression de paquets comme mécanisme d'indication de congestion.

RED supprime les paquets en se basant sur la longueur moyenne de file d'attente excédant un seuil, plutôt que seulement quand la file d'attente déborde. Cependant, quand RED supprime les paquets avant que la file d'attente déborde réellement, il n'est pas forcé par des limitations de mémoire pour jeter le paquet.

RED peut placer un bit de congestion éprouvée (CE) dans l'en-tête de paquet au lieu de supprimer le paquet, si un tel bit est fourni dans l'en-tête IP et compris par le protocole de transport. L'utilisation du bit CE permettrait au récepteur de recevoir le paquet, évitant le potentiel du retard excessif en raison des retransmissions après les pertes de paquets. Nous employons le terme « paquet CE » pour dénoter un paquet qui a un bit CE.

2.7.2 Avis explicite de congestion dans IP

Nous proposons que l'Internet fournisse une indication de congestion où l'avis peut parfois être par le marquage des paquets plutôt que de leur suppression. Ceci exigerait un champ ECN dans l'en-tête IP avec deux bits.
Le bit ECN-Capable du protocole de transport (ECT) serait placé par l'émetteur de données pour indiquer que les points d'extrémités du protocole de transport sont ECN capable.

Le bit CE serait placé par le routeur pour indiquer la congestion aux noeuds d'extrémités. Les routeurs qui ont un paquet qui arrive à une file d'attente pleine supprimeront le paquet, comme actuellement.

A la réception d'un paquet CE par un nœud ECN-Capable, les algorithmes de contrôle de congestion aux extrémités du système doivent avoir essentiellement une réponse identique que celle de contrôle de congestion à une suppression de paquet.

Par exemple, une source TCP ECN-Capable est exigée de diviser en deux sa fenêtre de congestion pour n'importe quelle fenêtre des données contenant une suppression de paquet ou un ECN. Cependant, nous voudrions préciser quelques exceptions notables dans la réaction de la source TCP, liées aux détails de court temps de mesures des implémentations particulières de TCP.

Pour la réponse de TCP à une indication ECN, nous ne recommandons pas un comportement tel que « slow start » de Tahoe TCP en réponse à une suppression de paquet, ou l'attente de Reno d'une moitié d'un RTT pendant le Fast Recovery. Une raison d'exiger que la réponse de contrôle de congestion au paquet CE soit essentiellement identique à la réponse à la suppression de paquets est l'adaptation au déploiement incrémental d'ECN dans les extrémités du système et dans les routeurs.

Quelques routeurs peuvent supprimer des paquets ECN-Capable (par exemple, en utilisant les mêmes politiques RED pour la détection de congestion) tandis que d'autres routeurs placent le bit CE, pour les niveaux équivalents de congestion. De même, un routeur pourrait supprimer un paquet non-ECN-Capable mais placer le bit CE dans un paquet ECN-Capable, pour des niveaux équivalents de congestion.

Les différentes réponses de contrôle de congestion à un bit CE et à une suppression de paquets pourrait avoir comme conséquence le traitement injuste pour différents flots.
Une condition additionnelle est que les extrémités du système devraient réagir à la congestion au plus une fois par fenêtre de données (au plus une fois par RTT), pour éviter de réagir plusieurs fois aux indications multiples de congestion dans un RTT.

Pour un routeur, le bit CE d'un paquet ECN-Capable devrait seulement être placé si le routeur aurait supprimé le paquet comme indication de congestion aux noeuds finaux. Quand le buffer du routeur n'est pas encore plein et le routeur n'est préparé pour supprimer un paquet pour informer les noeuds de la congestion, le routeur voit si le bit ECN-capable est placé dans l'en-tête du paquet IP. Si oui, au lieu de supprimer le paquet, le routeur place le bit CE dans l'en-tête IP. Quand un paquet CE est reçu par un routeur, le bit CE est laissé inchangé, et le paquet est transmis comme d'habitude.

Quand une congestion sévère s'est produite et la file d'attente du routeur est pleine, alors le routeur n'a aucun choix mais il supprime un certain paquet quand un nouveau paquet arrive.

Nous prévoyons que de telles pertes de paquet deviendront relativement peu fréquentes quand une majorité d'extrémités du système deviennent ECN-capable et participent au TCP ou à d'autres mécanismes compatibles de contrôle de congestion.

2.7.3 Support pour le protocole de transport

ECN exige un support du protocole de transport, en plus des fonctionnalités données par le champ ECN dans l'en-tête du paquet IP. Le protocole de transport pourrait exiger la négociation entre les points finaux pendant l'installation pour déterminer que tous les points finaux sont ECN-capables, de sorte que l'émetteur puisse placer le bit ECT en paquets transmis.

En second lieu, le protocole de transport doit être capable de réagir convenablement à la réception des paquets CE.
Cette réaction peut être sous forme que le récepteur informe l'émetteur du paquet reçu CE, ou d'une autre action qui ramène finalement la cadence des arrivées de ce flot au récepteur.

Pour TCP, ECN exige trois nouveaux mécanismes : la négociation entre les points finaux pendant l'installation pour déterminer s'ils sont ECN-capables un drapeau ECN-Echo dans l'en-tête TCP de sorte que le récepteur puisse informer l'émetteur quand un paquet CE a été reçu; et un drapeau de fenêtre de congestion réduite (CWR) dans l'en-tête TCP de sorte que l'émetteur puisse informer le récepteur que la fenêtre de congestion a été réduite.

Le support exigé par d'autres protocoles de transport est susceptible d'être différent, particulièrement pour les protocoles de transport non fiable ou fiable multicast.

Les sections suivantes décrivent en détail l'utilisation proposée d'ECN dans TCP. Nous supposons que la source TCP emploie les algorithmes standard de contrôle de congestion « slow start », « Fast retransmit », et « Fast Recovery ».

Cette proposition indique deux nouveaux drapeaux dans le domaine réservé de l'en-tête TCP. Le mécanisme TCP pour négocier ECN-Capability emploie le drapeau ECN-Echo dans l'en-tête TCP. Le bit 9 dans le domaine réservé de l'en-tête TCP est indiqué comme drapeau ECN-Echo.

Pour permettre au récepteur TCP de déterminer quand cesser de placer le drapeau ECN-Echo, nous présentons un deuxième nouveau drapeau dans l'en-tête TCP, le drapeau de fenêtre de congestion réduite (CWR). L'indicateur CWR est assigné au bit 8 dans le domaine réservé de l'en-tête TCP. L'utilisation de ces drapeaux est exposée dans les sections suivantes :

Initialisation TCP

Dans la phase d'installation de la connexion TCP, la source et la destination échangent des informations sur leur désir et/ou les possibilités pour employer ECN. Pour l'accomplissement de cette négociation, l'émetteur TCP place le bit ECT dans l'en-tête IP des paquets de données pour indiquer au réseau que le transport est capable de participer à ECN pour ce paquet. Ceci indiquera aux routeurs qu'ils peuvent marquer ce paquet avec le bit CE, s'ils voudraient employer cela comme méthode d'avis de congestion.

Si la connexion TCP ne souhaite pas employer l'avis ECN pour un paquet particulier, l'émetteur TCP place le bit ECT égal à 0, et le récepteur TCP ignore le bit CE dans le paquet reçu.

Quand un noeud envoie un paquet TCP SYN, il peut placer les drapeaux ECN-Echo et CWR dans l'en-tête TCP. Pour un paquet SYN, la mise des drapeaux ECN-Echo et CWR est une indication que l'émetteur TCP est ECN-Capable, plutôt qu'une indication de congestion ou réponse à la congestion.

Plus précisément, un paquet SYN avec ECN-Echo et CWR indique que l'implémentation de TCP transmettant le paquet SYN participera à ECN en tant qu'un émetteur et récepteur.

Comme récepteur, il répondra aux paquets entrants de données qui ont le bit CE dans l'en-tête IP en plaçant le drapeau ECN-Echo dans les paquets sortants d'acquittements (ACK). Comme émetteur, il répondra aux paquets entrants qui ont le drapeau ECN-Echo en réduisant la fenêtre de congestion si appropriée.

Quand un noeud envoie un paquet Syn-ACK, il peut placer le drapeau ECN-Echo, mais il ne place pas le drapeau CWR.

Pour un paquet Syn-ACK, le placement du drapeau ECN-Echo et le non placement du drapeau CWR dans l'en-tête TCP est une indication que TCP transmettant le paquet Syn-ACK est ECN-Capable.

L'émetteur TCP

Pour une connexion TCP en utilisant ECN, les paquets de données sont transmis avec le bit ECT dans l'en-tête IP (placer à un 1). Si l'émetteur reçoit un paquet ECN-Echo ACK (un paquet ACK avec le drapeau ECN-Echo dans l'en-tête

TCP), alors l'émetteur sait que la congestion a été produite dans le réseau sur le chemin entre l'émetteur et le récepteur.

L'indication de congestion devrait être traitée juste comme une perte de congestion dans les TCPs non ECN-Capables. C'est-à-dire, la source TCP divise en deux la fenêtre "cwnd" de congestion et réduit le seuil du « slow start » "ssthresh".

Une condition critique est que TCP ne doit pas réagir aux indications de congestion plus d'une fois chaque fenêtre de données (ou plus d'une fois chaque RTT). C'est-à-dire, la fenêtre de congestion de l'émetteur TCP devrait être réduite seulement une fois en réponse à une série de pertes de paquets et/ou de CE d'une fenêtre de données, en outre, la source TCP ne devrait pas diminuer le seuil, ssthresh, de « slow start » s'il a été diminué dans le dernier RTT.

Cependant, si des paquets retransmis sont perdus ou ont le bit CE, ceci est interprété par la source TCP comme nouvelle congestion.

Après que la source TCP réduise sa fenêtre de congestion en réponse à un paquet CE, les acquittements entrants qui continuent à arriver peuvent dater les paquets sortants comme permis par la fenêtre réduite de congestion.

Si la fenêtre de congestion se compose d'un seul MSS (taille maximum de segment), et l'émetteur TCP reçoit un paquet ECN-Echo ACK, alors l'émetteur TCP devrait en principe encore réduire sa fenêtre de congestion par la moitié. Cependant, la valeur de la fenêtre de congestion est bornée par un MSS.

Si l'émetteur TCP devait continuer à envoyer, en utilisant une fenêtre de congestion de 1 MSS, ceci a comme conséquence la transmission d'un paquet par RTT. Nous croyons qu'il est souhaitable de réduire toujours le taux d'envoi de l'émetteur TCP, à la réception d'un paquet ECN-Echo quand la fenêtre de congestion est à 1.

Nous employons le RTO en tant que moyen de réduire le taux plus loin dans cette circonstance. Par conséquent, l'émetteur TCP devrait également remettre à zéro le RTO sur la réception du paquet ECN-Echo quand la fenêtre de congestion est à 1.
L'émetteur TCP puisse alors envoyer un nouveau paquet quand le RTO expire.

Le Récepteur TCP
Quand TCP reçoit un paquet CE à l'extrémité destination, le récepteur de données TCP place le drapeau ECN-Echo dans l'en-tête TCP du paquet ACK qui suit.

Pour fournir la robustesse contre la possibilité de perte d'un paquet ACK portant un drapeau ECN-Echo, le récepteur TCP doit placer le drapeau ECN-Echo dans une série de paquets ACK. Le récepteur TCP emploie le drapeau CWR pour déterminer quand cesser de placer le drapeau ECN-Echo.

Quand un ECN-Capable TCP réduit sa fenêtre de congestion pour n'importe quelle raison (en raison de l'expiration du RTO, un Fast Retransmit, ou en réponse à un ECN), TCP place le drapeau CWR dans l'en-tête TCP du premier paquet de données envoyé après la réduction de fenêtre. Si ce paquet de données est supprimé dans le réseau, alors l'émetteur TCP devra réduire la fenêtre de congestion encore et retransmettre le paquet supprimé. Ainsi, le message de réduction de fenêtre de congestion est sûrement fourni au récepteur de données.

Après qu'un récepteur TCP envoie un paquet ACK avec le bit ECN-Echo ce récepteur TCP continue à placer le drapeau ECN-Echo en paquets ACK jusqu'à ce qu'il reçoive un paquet CWR. Après la réception du paquet CWR, les acquittements des paquets de données non CE n'ont pas le drapeau ECN-Echo.

Si un autre paquet CE est reçu par le récepteur, le récepteur enverrait de nouveau des paquets ACK avec le drapeau ECN-Echo. Tandis que la réception d'un paquet CWR ne garantit pas que l'émetteur a reçu le message ECN-Echo, ceci indique que l'émetteur a réduit sa fenêtre de congestion à un certain point après qu'il a envoyé le paquet de données pour lequel le bit CE a été placé.

Nous avons déjà indiqué qu'un émetteur TCP réduit sa fenêtre de congestion au plus une fois par fenêtre de données. Ce mécanisme exige un certain soin pour assurer que l'émetteur réduit sa fenêtre de congestion au plus une fois par indication ECN, et que les messages multiples ECN sur plusieurs fenêtres successives des données sont correctement rapportés à l'émetteur ECN.

2.7.4 Sommaire des changements requis dans IP et TCP

Deux bits doivent être indiqués dans l'en-tête IP, le bit du transport ECN-Capable (ECT) et le bit de congestion expérimentée (CE). Le bit ECT à "0" indique que le protocole de transport ignorera le bit CE. C'est la valeur par défaut pour le bit ECT. La mise du bit ECT à "1" indique que le protocole de transport peut participer à ECN.
La valeur par défaut pour le bit CE est "0". Le routeur place le bit CE à "1" pour indiquer la congestion aux noeuds finaux. Le bit CE dans un en-tête de paquet ne doit jamais être remis de « 1 » à « 0 » par un routeur.

TCP exige trois changements, une phase de négociation pendant l'installation pour déterminer si les deux noeuds finaux sont ECN-capables, et deux nouveaux drapeaux dans l'en-tête TCP, depuis les drapeaux "réservés" dans le domaine de drapeaux de TCP.

Le drapeau ECN-Echo est employé par le récepteur de données pour informer l'émetteur d'un paquet reçu CE. Le drapeau de fenêtre de congestion réduite est employé par l'émetteur pour informer le récepteur que la fenêtre de congestion a été réduite.

2.8 L'asymétrie des réseaux et TCP [5]

L'asymétrie du réseau peut diminuer les performances des protocoles de transport basés sur le feedback, comme TCP. La raison est que même si le chemin des flots de données n'est pas congestionné, la congestion du sens opposé peut perturber le flot des feedback. Cette rupture peut diminuer les performances attendues.

Dans le cas de TCP, le feedback est les paquets d'acquittements (ACKs). Un émetteur TCP a besoin des acquittements pour dater les nouveaux paquets de données. Ce n'est pas la seule raison de la dégradation des performances. L'émetteur TCP a besoin des acquittements pour accroître sa « fenêtre de congestion », qui augmente son taux de transmission. Encore, la rupture des acquittements peut perturber la croissance de la fenêtre et dégrader les performances à une fraction de la bande disponible.

2.8.1 Classification d'asymétrie

L'asymétrie de réseau peut prendre plusieurs formes :

> **L'asymétrie de la bande**: La largeur de bande du lien descendant est 10-1000 fois la largeur de bande ascendante. Les exemples incluent le modem câblé, le DSL asynchrone (ADSL), et les réseaux satellitaires.

> **Asymétrie du média d'accès**: cela se voit en plusieurs manières. Dans un réseau sans fil cellulaire, une station de base n'a pas une surcharge de contrôle d'accès au média (MAC) en transmettant aux mobiles distribués comparés au sens opposé.

> **Asymétrie du taux de perte**: Le réseau peut contenir des pertes dans une direction que dans l'autre.

Dans ce qui suit, on analyse les problèmes de l'asymétrie de largeur de bande et les médias d'accès en détail.

2.8.1.1 Asymétrie de largeur de bande

Il est discuté d'abord le cas où le transfert TCP se produit seulement dans la direction descendante puis le cas bidirectionnel.

Transfert de données unidirectionnel : un exemple commun est le téléchargement des données à partir d'un serveur. Pour raison de simplicité, nous nous limitons au cas d'une seule connexion TCP dans la direction descendante.

Le *rapport de largeur de bande normalisé*, k, entre les chemins descendant et ascendant est le rapport des largeurs de bande divisé par le rapport des tailles de paquets utilisé dans les deux directions. Par exemple, pour un canal descendant de 10 Mb/s et un canal ascendant de 100 kb/s, le rapport de largeur de bande est 100.
Avec des paquets de 1000 octets et des acquittements de 40 octets, le rapport de tailles de paquets est 25, ainsi k est $100/25 = 4$. Le rapport, k, tient la clef du comportement de TCP dans un réseau asymétrique. Si le récepteur transmet plus d'un ACK pour chaque k paquets de données, le lien ascendant sera saturé avant que celui descendant le serait.

Ceci forcera l'émetteur à envoyer les données plus lentement, donc diminuant les performances. Si le lien ascendant reste congestionné pendant une durée importante, les buffers correspondants seront remplis, entraînant la perte des ACKs.

Transfert de données bidirectionnel : Il est considéré le cas où les transferts ascendants et descendant se produisent simultanément. Un exemple de cela est un utilisateur envoyant des données (un message mail) et recevant simultanément d'autres données (pages Web).
La présence du trafic bidirectionnel augmente le degré d'asymétrie de largeur de bande pour le transfert descendant, aggravant de ce fait les problèmes discutés dans la section ci-dessus.

En outre, il y a d'autres effets qui surgissent en raison de l'interaction entre les paquets de données du transfert ascendant et les ACKs du transfert descendant. Essentiellement, le premier peut remplir rapidement le buffer ascendant, causant un grand retard et un taux élevé de pertes pour le deuxième. En résumé, la présence du trafic bidirectionnel aggrave les problèmes dus à l'asymétrie de largeur de bande en raison de l'interaction défavorable entre les paquets de données d'une connexion ascendante et les ACKs d'une connexion descendante.

2.8.1.2 Asymétrie du media d'accès

Comme discuté précédemment, l'asymétrie du média d'accès se manifeste en plusieurs manières. Cependant, la cause fondamentale est l'accès inéquitable à un média partagé par un ensemble distribué de noeuds. La station de base centrale a la connaissance complète et le contrôle du trafic descendant. Par conséquent, elle a une surcharge diminuée dans la couche MAC comparée aux noeuds distribués qui partagent le lien montant.

2.8.2 Solutions

La discussion ci-dessus indique clairement qu'il y a deux issues clés qui doivent être adressées afin d'améliorer les performances de TCP dans les réseaux asymétriques. La première issue est le contrôle d'utilisation de la largeur de bande sur le lien montant, utilisé par les ACKs (et probablement par autre trafic). Plusieurs techniques pour adresser cette issue travaillent en réduisant le nombre d'ACKs qui circulent sur le canal ascendant, qui a le potentiel de détruire la propriété (souhaitable) d'auto datage de l'émetteur TCP où de nouvelles transmissions de données sont déclenchées par les ACKs entrants.

Ainsi, la deuxième issue doit éviter les impacts défavorables des ACKs peu fréquents. Chacune de ces issues peut être manipulée par les solutions locales de couche lien de données et/ou les techniques de bout en bout. Dans cette section nous discutons les deux types de solutions.

2.8.2.1 Gestion de la bande du lien montant

La gestion de largeur de bande du lien montant peut être faite en contrôlant le degré de compression, fréquence, et gestion des flots des ACKs ascendants.
Compression d'en-tête TCP : La compression d'en-tête TCP est utilisée pour des liens de basse largeur de bande ou dans les protocoles Point à Point (PPP). Puisqu'elle réduit considérablement la taille des ACKs sur le lien montant quand les pertes sont peu fréquentes (une situation qui assure que l'état du compresseur et du décompresseur sont synchronisés).
Cependant, cela ne résout pas tous les problèmes :

- ➢ Comme discuté plus tard, dans certains réseaux il y a une surcharge MAC significative par paquet qui est indépendante de la taille de paquet.
- ➢ Une réduction de la taille des ACKs n'empêche pas l'interaction défavorable avec de grands paquets de données ascendants en présence du trafic bidirectionnel.

Par conséquent, afin d'adresser efficacement les problèmes de performance provoqués par l'asymétrie, il y a un besoin de techniques au-dessus et au delà de compression d'en-tête TCP.

Filtrage des ACK : Le filtrage des ACK (AF) est une technique de couche liaison qui ne touche pas à la couche TCP, qui réduit le nombre des ACKs TCP envoyés sur le canal ascendant. Le défi est d'assurer que l'émetteur ne doit pas attendre ces ACKs, cela peut se produire si les ACKs sont enlevés aléatoirement sur le chemin ascendant.

L'AF enlève seulement certains ACKs sans gêner le comportement de l'émetteur en tirant profit du fait que les ACKs sont cumulatifs. Comme le mécanisme de contrôle d'erreur de l'émetteur est concerné, l'information contenue dans un ACK avec un numéro d'ordre postérieur englobe l'information contenue dans les ACKs plus anciens (on parle des acquittements cumulatifs et pas des acquittements sélectifs).
Quand un ACK du récepteur est sur le point d'être mis en file d'attente d'un routeur ascendant au niveau de goulot d'étranglement (bottleneck router), le routeur examine ses files d'attentes pour trouver un ACK plus ancien appartenant à la même connexion. S'ils sont trouvés, il les enlève de la file d'attente, réduisant de ce fait le nombre d'ACKs qui vont à l'émetteur.

La suppression de ces ACKs "redondants" libère l'espace des buffers pour d'autres données et paquets ACKs. L'AF n'enlève pas les ACKs doubles ou sélectifs de la file d'attente pour éviter de poser des problèmes aux mécanismes de recouvrements pour la gestion des pertes de données TCP.

Le contrôle de congestion des ACKs : Le contrôle de congestion des ACKs (ACC) est une alternative au filtrage des ACKs, qui actionne de bout en bout plutôt qu'au routeur ascendant de goulot d'étranglement. L'idée principale dans ACC est de prolonger le contrôle de congestion aux ACKs TCP, puisqu'ils font des demandes non négligeables sur les ressources au lien ascendant congestionné.

Les ACKs occupent des slots dans les buffers du canal ascendant, dont la capacité est souvent limitée à un certain nombre de paquets (même des octets). ACC a deux parties :
- Un mécanisme pour que le réseau indique au récepteur que le chemin des ACKs est congestionné.
- La réponse du récepteur à une telle indication.

La gestion des ACK en premier : Dans le cas des transferts bidirectionnels, les données aussi bien que les paquets ACK concurrencent pour les ressources dans la direction ascendante. Dans ce cas-ci, une seule file d'attente pour les paquets de données et les ACKs peut causer des problèmes.

Par exemple, si le canal ascendant est une ligne de 28.8 kb/s, la transmission d'un paquet de données de taille 1k octets prendrait environ 280 ms ainsi même si juste deux paquets de données sont en file avant un ACK (c'est une occurrence fréquente puisque les paquets de données sont envoyés en paires pendant le slow start), ils retardent les ACKs pour plus d'une demi seconde. Et si plus de deux paquets de données sont en file avant un ACK, l'ACK serait retardé encore plus.

Une approche possible pour alléger ce problème est de gérer les données et les ACKs différemment dans la file.
Un algorithme, en particulier, est « la gestion des ACKs en premier » (ack first scheduling), qui accorde toujours une priorité plus élevée aux ACKs au-dessus des paquets de données.

La motivation pour une telle gestion est qu'elle réduit au minimum le temps de oisiveté pour la connexion descendante en réduisant au minimum la durée que les ACKs passent en file derrière les paquets ascendants de données.

En même temps, avec des techniques telles que la compression d'en-tête, la période de transmission des ACKs devient assez petite que son impact sur les paquets de données est minimal.

2.8.2.2 Gestion des acquittements peu fréquents

Ceci peut être fait de bout en bout ou localement au lien montant congestionné.

Adaptation de l'émetteur TCP
ACC et AF allègent le problème de la congestion sur le lien ascendant de goulot d'étranglement en diminuant la fréquence des ACKs, avec chaque ACK acquittant potentiellement plusieurs paquets de données. Ceci peut poser des problèmes tels que le ralentissement dans la croissance de la fenêtre de congestion. « L'adaptation de l'émetteur TCP » est une technique de bout en bout pour alléger ce problème.

L'émetteur peut éviter le ralentissement dans la croissance de la fenêtre de congestion en tenant compte simplement de la quantité de données acquittée par chaque ACK, plutôt que le nombre d'ACKs. Ainsi, si un ACK acquitte s segments, la fenêtre évolue comme si s ACKs séparés ont été reçus.

Reconstruction des ACK : La reconstruction des ACKs (AR) est une technique pour reconstruire le flux des ACKs après qu'il traverse le goulot d'étranglement du lien montant.

AR est une technique locale conçue pour empêcher la fréquence réduite des ACK de compromettre les performances des implémentations du standard de l'émetteur TCP (ceux qui ne mettent pas en application l'adaptation d'émetteur). Ceci permet d'employer des schémas tels que AF ou ACC sans exiger aux émetteurs TCP d'être modifiés pour effectuer l'adaptation d'émetteur.

AR déploie un agent logiciel appelé *le reconstructeur d'ACK* à l'extrémité ascendante du goulot d'étranglement d'ACK. Le reconstructeur n'a pas besoin d'être sur le chemin de données descendant. Il complète soigneusement les lacunes dans l'ordre des ACK et introduit des ACKs pour compléter le flux des ACK vu par l'émetteur.
Notant que le reconstructeur ne produit aucun faux ACKs, et la sémantique de bout en bout de la connexion est complètement préservée.

2.9 Conclusion

Comme discuté précédemment, le protocole TCP est le standard utilisé dans la couche de transport pour le transport fiable de données.

TCP est désigné pour les réseaux filaires et sa conception est adaptée pour un média fiable. Tan disque les réseaux sans fils présentent des caractéristiques bien différentes des réseaux filaires. Par la suite le protocole TCP se trouve inadapté et nécessite des modifications.

Dans le chapitre qui suit nous abordons les problèmes de TCP dans les réseaux sans fils et quelques solutions proposées pour y faire face.

Chapitre 3

TCP dans les environnements sans fil

Les réseaux ad-hoc sont caractérisés par les facteurs suivants qui les différencient des réseaux informatiques traditionnels: manque d'une infrastructure, mobilité (qui rend le réseau parfois partitionné), canal partagé, largeur de bande limitée.

De telles caractéristiques rendent les protocoles de réseaux traditionnels de différentes couches protocolaires inadéquats pour l'usage dans les réseaux ad-hoc.
Pour la couche transport, plusieurs travaux se sont concentrés sur l'étude de l'impact d'employer TCP comme protocole de couche transport, et d'améliorer sa performance à travers des mécanismes de couches inférieures qui cachent les caractéristiques des réseaux ad-hoc à TCP, ou par des modifications appropriées aux mécanismes employés par TCP.

Etant donné l'utilisation presque universelle de TCP comme protocole de couche transport dans l'Internet courant, de tels travaux sont clairement justifiés. Cependant, plusieurs applications de réseaux ad-hoc, y compris les plus prometteuses telles que les champs de batailles militaires, les opérations de secours de désastre, etc, sont les environnements où un protocole complètement amélioré conçu en fonction des conditions de fonctionnement n'est pas simplement faisable, mais également justifiable.

Dans ce chapitre, nous présentons quelques versions modifiées de TCP et un protocole entièrement nouveau (ATP) qui est conçu pour les réseaux purement ad-hoc.

3.1 Effets des réseaux ad-hoc sur TCP [20]

Effet d'un haut BER: Les erreurs par bit font que les paquets deviennent corrompus, comme conséquence, les segments de données ou les acquittements seront perdus. Quand les acquittements n'arrivent pas à l'émetteur TCP dans une durée de temps limitée (timeout de retransmission: RTO), l'émetteur retransmet le segment, il fait un backoff exponentiellement son timeout de retransmission pour la prochaine retransmission, réduit son seuil de contrôle de fenêtre de congestion, et ferme sa fenêtre de congestion à un segment.

Les erreurs répétées assureront que la fenêtre de congestion à l'émetteur reste petite ayant pour résultat la baisse du rendement.

Effet de reconstitution des routes: Quand une ancienne route n'est plus valable, la couche réseau au niveau de l'émetteur tente de trouver une nouvelle route à la destination

Il est possible que la découverte d'une nouvelle route prenne sensiblement plus longtemps que le RTO à l'émetteur.

En conséquence, l'émetteur TCP détectera un timeout, retransmet le paquet, et appelle le contrôle de congestion. Ainsi, quand une nouvelle route est découverte, le rendement continuera à être petit pendant un certain temps parce que TCP à l'émetteur accroît sa fenêtre de congestion en employant l'algorithme « slow start » et « congestion avoidance ».

C'est un comportement clairement indésirable parce que la connexion TCP sera très inefficace. Si on imagine un réseau dans lequel le calcul de routes est fait fréquemment (en raison de la mobilité élevée des noeuds), la connexion TCP n'obtiendra jamais une occasion de transmettre au taux négocié maximum (la fenêtre de congestion sera toujours sensiblement plus petite que la taille de la fenêtre du récepteur).

Effet de partitions du réseau : Il est probable que le réseau *ad-hoc soit* périodiquement divisé pendant plusieurs secondes. Si l'émetteur et le récepteur d'une connexion TCP se situent dans différentes partitions, tous les paquets de l'émetteur seront supprimés par le réseau, ayant pour résultat que l'émetteur appelle le contrôle de congestion.

Si la partition dure longtemps (plus que le RTO), la situation devient encore plus mauvaise à cause du phénomène appelé *les timeouts en série*. Les timeouts en série est une situation où des retransmissions consécutives multiples du même segment sont transmises au récepteur tandis qu'il est déconnecté de l'émetteur. Toutes ces retransmissions sont ainsi perdues.

- ➢ Quand il n'y a aucune route disponible, il n y a aucun besoin de retransmettre les paquets qui n'atteindront de toute façon pas la destination.
- ➢ La retransmission des paquets gaspille la puissance de batterie précieuse de MH et la largeur de bande rare.
- ➢ Dans la période juste après le rétablissement de la route, le rendement sera inutilement bas en raison du mécanisme « slow start » quoiqu'il n'y ait réellement aucune congestion dans le réseau.

Que signifie la fenêtre de congestion (CWND) vraiment dans les réseaux ad-hoc?

La fenêtre de congestion TCP impose un débit acceptable pour une connexion particulière basée sur l'information de congestion qui est dérivée des événements de timeout aussi bien que les ACKs doubles. Dans un réseau *ad-hoc*, puisque les routes changent pendant la vie d'une connexion, on perdra le rapport entre la taille de CWND et le débit tolérable pour la route.

En d'autres termes, le CWND calculé pour une route peut être aussi grand pour une nouvelle route, ayant pour résultat la congestion de réseau quand l'émetteur transmet à la vitesse permise par l'ancienne CWND.

3.2 TCP-F: Une approche basée feedback [6]

De la discussion précédente, il est clair que le traitement des pannes de routes comme congestion et l'appel de contrôle de congestion n'est pas recommandé puisque le contrôle de congestion et les pannes de routes sont des phénomènes indépendants qui doivent être traités indépendamment et séparément.

Par conséquent, il est proposé un schéma par lequel la source sera au courant de la panne de lien de sorte qu'elle n'appelle pas inutilement le contrôle de congestion, et elle s'abstient à envoyer tout autre paquet jusqu'à ce que la route soit reconstituée.

Des schémas basés sur le feedback pour TCP sous forme de notification explicite de congestion (ECN) ont été déjà proposés pour les réseaux fixes et EBSN dans les réseaux cellulaires. ECN est employé afin d'accélérer le processus de la détection de congestion tandis que dans le cas des réseaux ad-hoc le feedback est employé pour informer explicitement la source de la panne de lien. EBSN est employé dans les réseaux cellulaires pour gérer les erreurs sans fil en employant la fiabilité de la partie fixe du réseau.

Comme il n'y a pas une épine dorsale fiable en cas des réseaux ad-hoc, aucune de ces méthodes n'est directement applicable. Par conséquent, il est proposé un schéma basé feedback pour gérer les pannes de liens dans les réseaux ad-hoc nommés TCP-Feedback ou TCP-F, qui est décrit ci-dessous.

Dès que la couche réseau à une MH intermédiaire (appelée point de panne ou FP: failure point) détecte la panne d'une route due à la mobilité de la prochaine MH le long de cette route, elle envoie explicitement un paquet de notification de pannes (RFN: route failure notification) à la source et enregistre cet événement. Chaque noeud intermédiaire qui reçoit le paquet RFN invalide cette route et prévient les paquets entrants de passer par cette route.

Si un noeud intermédiaire connaît une autre route vers la destination, cette route peut maintenant être utilisée pour les prochaines communications et le RFN est annulé. Autrement, le noeud intermédiaire propage simplement le RFN vers la source.

À la réception du RFN, la source entre dans un état gelé et exécute les étapes suivantes :

- Elle cesse complètement d'envoyer d'autres paquets (nouveaux ou des retransmissions).
- Elle gèle :
    - ✓ Tous ses temporisateurs,
    - ✓ La fenêtre d'envoi des paquets
    - ✓ D'autres variables d'état comme la valeur du temporisateur de retransmission et la taille de la fenêtre
    - ✓ Démarre un temporisateur de panne de routes qui correspond au plus mauvais cas de temps de rétablissement de routes. La valeur de timeout de ce temporisateur peut être un paramètre dont la valeur dépend du protocole de routage.

La source demeure dans cet état gelé jusqu'à ce qu'elle soit notifiée de la restauration de route par un paquet de notification de rétablissement de route (RRN : route re-estabilishment notification) comme expliqué ci-dessous.

Si un des noeuds intermédiaires qui a précédemment expédié un RFN à la source se renseigne sur une nouvelle route à la destination (par une mise à jour de routage), il envoie alors un paquet RRN à la source (dont l'identité a été précédemment stockée). Tout nouveau RRN reçu par ce noeud intermédiaire à la même source est rejeté. N'importe quel autre noeud qui reçoit le RRN l'expédie simplement vers la source.

Dès que la source recevra le RRN, elle change en un état actif depuis son état gelé qu'il remet en marche les temporisateurs de leurs valeurs gelées (et ne remet pas à zéro les temporisateurs) et reprend la transmission basée sur les valeurs stockées de la fenêtre de l'émetteur et les valeurs de timeouts.

Ces étapes réduisent en effet l'effet du mécanisme de contrôle de congestion de TCP quand les retransmissions redémarrent. La communication reprend maintenant au même taux qu'avant la panne de route s'est produite.

Pour s'assurer que la source ne demeure pas indéfiniment dans l'état gelé attendant un RRN qui peut être retardé ou perdu, il est employé un temporisateur de pannes de routes. Quand la source reçoit le premier RFN, elle démarre ce temporisateur.

Quand le temporisateur de pannes de routes expire, les temporisateurs gelés sont remis en marche (comme si un RRN a été reçu) et le mécanisme de contrôle de congestion de TCP gère la panne.

Des expériences de simulation sont entreprises basées sur TCP-F et sont comparées à TCP. Ses résultats montrent que TCP-F a comme conséquence des améliorations significatives dans le rendement, aussi bien que le rendement effectif.

3.3 Le protocole ATP (ad-hoc transport protocol) [21]

3.3.1 Les problèmes de TCP dans les réseaux ad-hoc

Dans cette section, on discutera la non convenance des différents éléments de conception de TCP dans le contexte d'un environnement de réseau ad-hoc.

Les transmissions basées sur la fenêtre :

TCP est un protocole basé sur la fenêtre. Une des motivations fondamentales derrière un tel choix de conception est d'éviter l'entretien des temporisateurs fins si le protocole est basé sur le flux. Pour des environnements câblés, où la largeur de bande peut arriver jusqu'à plusieurs méga bits par seconde, un tel choix de conception est clairement essentiel.

Cependant, l'utilisation d'un mécanisme de transmission basé fenêtre dans un réseau ad-hoc cause le problème critique de découpage de paquets lors des transmissions. TCP se base sur l'auto datage (les ACKs arrivent pour déclencher d'autres transmissions) en l'absence des temporisateurs.

Ainsi, si plusieurs ACKs arrivent à l'émetteur, un slot de paquets de données sera transmis par l'émetteur même s'il est dans la phase d'évitement de congestion (où un paquet sera transmis pour chaque ACK reçu). Malheureusement, un rassemblement des *ACKs* ou plusieurs ACKs arrivant en même temps est une norme dans les réseaux ad-hoc en raison de la durée courte du slot attribué par le protocole MAC CSMA/CA, pour assurer l'équitabilité, typiquement utilisé dans de tels réseaux.

Une telle équitabilité à court temps a comme conséquence que le flux de données d'une connexion TCP a le contrôle du canal pendant une période courte, suivi du flux des ACKs assurant le contrôle du canal pendant une période courte.

Le mécanisme « slow start » : Le mécanisme « slow start » est employé par TCP pendant l'initiation d'une connexion et quand TCP recouvre d'une congestion du réseau. Pour les deux cas, le but de « slow start » est *de sonder* la largeur de bande adéquate pour la connexion.

Quand une connexion est dans la phase « slow start », TCP répond avec deux transmissions de paquet de données pour chaque ACK reçu. Tandis que ceci aggrave le problème de découpage discuté plus tôt, il y a deux autres problèmes liés au « slow start » dans le contexte des réseaux ad-hoc :

> *Sous-utilisation des ressources de réseau :* Bien que «slow start» utilise une augmentation exponentielle de la taille de la fenêtre de congestion, le mécanisme d'augmentation est encore non agressif par conception car il peut prendre plusieurs *RTT* avant qu'une connexion fonctionne à sa véritable largeur de bande disponible.

Ce n'est pas un problème sérieux dans des réseaux câblés car on s'attend à ce que les connexions dépensent la plupart de leurs vies dans la phase d'évitement de congestion. Cependant, en raison de la nature dynamique des réseaux ad-hoc, les connexions sont victimes des pertes fréquentes qui ont à leur tour comme conséquence les timeouts fréquents et par conséquent plus de phases « slow start ».

> *Injustice :* Les propriétés d'équitabilité de TCP dépendent fermement aux connexions en interférence fonctionnant dans la phase d'évitement de congestion.
> Quand les connexions fonctionnent principalement dans la phase « slow start », les propriétés d'équitabilité de TCP sont plus exposées pour être violées.

La dépendance aux ACKs :
TCP se fonde sur l'arrivée périodique d'ACKs pour assurer la fiabilité et effectuer le contrôle efficace de congestion. La plupart des implémentations du récepteur TCP envoient un ACK pour chaque deux paquets reçus. Cette dépendance aux ACKs a comme conséquence deux problèmes pour les réseaux ad-hoc:

> En raison de la surcharge (environ 100 octets) associée au (RTS), (CTS), et les paquets d'ACKs employés par le protocole CSMA/CA, les ACKs TCP envoyés du récepteur à l'émetteur peuvent atteindre 10-20% du taux du flux de données.

Si les chemins d'envoie et de retour s'avèrent être identiques, le trafic d'ACKs dans le chemin inverse fera face au flux de données sur le chemin d'envoie et réduira le taux de flux de données.

- Si les chemins d'envoie et de retour ne sont pas identiques, le progrès de la connexion TCP dépendra de la fiabilité du chemin d'envoie et de retour. Ainsi, les chances d'une perte augmentent quand différents chemins sont utilisés. Notant que même si les chemins d'envoie et de retour sont différents, en raison du canal partagé dans la zone de couverture de l'émetteur et de récepteur, les flux de données et d'ACKs vont interférer l'un à l'autre.

3.3.2 La conception d'ATP

Dans cette section, on décrira les éléments principaux de conception *du protocole de transport ad-hoc* proposé (ATP).

3.3.2.1 Coordination de la couche

Un des points pour adapter les protocoles pour les réseaux sans fil en général et les réseaux ad-hoc en particulier est la coordination entre les différentes couches protocolaires. Un des points principaux de la conception d'ATP est l'utilisation d'information de couches inférieures et les feedback explicites d'autres noeuds de réseau pour aider les mécanismes de la couche transport. Spécifiquement, ATP emploie le feedback des noeuds de réseau pour trois buts différents:

- Le feedback du taux initial pour l'évaluation de taux de démarrage,
- Le feedback du taux progressif pour la détection de congestion, l'évitement de congestion, et le contrôle de congestion,
- Avis de pannes de routes.

3.3.2.2 Les transmissions basées sur les taux

ATP utilise les transmissions basées sur les taux au lieu des transmissions basées sur les fenêtres utilisées par TCP. Les transmissions basées sur les taux aident à améliorer les performances de deux manières:
- Elles évitent les inconvénients dus au découpage des paquets,
- Puisque les transmissions sont gérées par un temporisateur à l'émetteur, le besoin d'auto datage à l'arrivée d'ACKs est éliminé. Ce dernier avantage est employé par ATP pour découpler le mécanisme de contrôle de congestion du mécanisme de fiabilité, et pour alléger également l'impact des caractéristiques de chemin de retour sur les performances des flux de données sur le chemin d'envoi.

Tandis qu'une limitation évidente des schémas basés par taux est la surcharge de temporisateur tenu par l'émetteur, la granularité de temporisateur exigée pour les largeurs de bande limitées dans un réseau ad-hoc est assez grande pour être réalisée sans surcharge significative.

3.3.2.3 Découplage de contrôle de congestion et de la fiabilité

À la différence de TCP où les mécanismes de contrôle de congestion et de fiabilité sont étroitement couplés par la dépendance à l'arrivée des ACKs, dans ATP, les deux mécanismes sont découplés. Le contrôle de congestion est effectué en utilisant le feedback du réseau, alors que la fiabilité est assurée par le feedback brute de récepteur et les ACKs sélectifs.

> Pour faciliter le contrôle de congestion, les noeuds intermédiaires dans le réseau fournissent des informations de congestion en termes de taux disponible. Le feedback est mis sur les paquets de données dans le chemin d'envoie, et le récepteur ATP consolide une telle information et renvoie l'information de feedback assemblée.

> Pour la fiabilité, le récepteur emploie également les ACKs sélectifs pour rapporter de nouveau à l'émetteur tous les nouveaux trous observés dans le flux de données. À la différence de TCP où l'information SACK est complémentaire au schéma cumulatif d'ACKs, ATP se fonde seulement sur l'information de SACK.

3.3.2.4 Contrôle assisté de congestion

Le protocole de contrôle de congestion d'ATP se fonde sur le feedback des noeuds intermédiaires traversés par la connexion pour adapter le taux d'envoi. Brièvement, chaque noeud dans le réseau maintient deux paramètres: Qt (une moyenne exponentielle du retard dans la file expérimenté par les paquets traversant ce noeud), et Tt (une moyenne exponentielle du retard de transmission expérimenté par le paquet de tête de file dans ce noeud).

Tt est influencée par la contention éprouvée entre les paquets dans des noeuds de même contention de couverture, tandis que Qt est influencée par la contention entre les paquets appartenants à des flux différents du même noeud.

Pour chaque paquet qui traverse un noeud, le noeud calcule la somme $Qt + Tt$ et la sauvegarde sur le paquet si la somme déjà sauvegardée est plus petite.

Le récepteur d'une connexion ATP fait la moyenne exponentielle des valeurs embouties sur les paquets entrants. Pour chaque période, le récepteur envoie le feedback de taux à l'émetteur en utilisant la valeur exponentiellement calculée. L'émetteur, basé sur son taux courant et le taux indiqué dans le feedback, détermine s'il faut *augmenter*, *diminuer*, ou *maintenir* son taux.

La phase de maintien dans ATP est une différence critique des états qu'une connexion TCP peut être. En outre, les opérations d'augmentation et de diminution effectuées par ATP sont plus précises en raison de feedback reçu.

3.3.2.5 Interopérabilité et equitabilité de TCP

L'interopérabilité de TCP n'est pas une contrainte sous laquelle ATP est conçu, puisqu'il est conçu pour les environnements ad-hoc où les noeuds de réseau posséderont une couche protocolaire dédiée. Cependant, l'equitabilité entre les flux ATP est toujours principale comme dans TCP puisque ATP se fonde sur les noeuds intermédiaires de réseau pour le feedback sur la congestion.

3.3.2.6 Emetteur ATP

L'émetteur ATP, comme dans TCP, se compose de la plupart des mécanismes d'entraînement du protocole de la couche transport. Spécifiquement, l'émetteur ATP comprend les composants pour les fonctionnalités suivantes:
- Le démarrage rapide,
- Le contrôle de congestion,
- Fiabilité,
- Gestion de la connexion.

Le démarrage rapide: Pendant l'initiation de la connexion, ou en recouvrant d'un timeout, le mécanisme « slow start » de TCP prend quelques RTTs avant qu'ils puisse converger vers la largeur de bande disponible pour un flux. Due aux pannes fréquentes de chemin et aux timeouts résultants dans un réseau ad-hoc, une connexion TCP peut dépenser une partie considérable de sa vie dans la phase « slow start », de ce fait dégradant l'utilisation de réseau.

ATP emploie un mécanisme appelé « démarrage rapide » pour sonder la largeur de bande disponible de réseau dans un seul RTT. ATP exécute « le démarrage rapide » pendant l'initiation de la connexion et quand le chemin traversé par la connexion change.

Le contrôle de congestion : À la différence de TCP, qui a un protocole biphasé de contrôle de congestion avec une phase d'augmentation et une phase de diminution, ATP utilise un protocole de contrôle de congestion à trois phases, l'augmentation, la diminution , et la phase de maintient.

Une des différences principales entre les mécanismes de contrôle de congestion de TCP et celui d'ATP est le feedback de réseau que les mécanismes d'ATP emploient. Puisque TCP ne se fonde sur aucun appui de réseau, il sonde pour plus de largeur de bande en augmentant linéairement la taille de la fenêtre de congestion de l'émetteur.
De même, quand une perte se produit, puisque TCP ne sait pas l'ampleur vraie de la congestion, il effectue une diminution multiplicative de la taille de la

fenêtre de congestion. ATP, par contre, se fonde sur le feedback des noeuds intermédiaires.

Par conséquent, son augmentation peut être plus agressive que celle de TCP, la diminution peut être moins conservatrice que celle de TCP, et d'une manière primordiale peut procéder à l'étape *de maintien* où les états de réseau ne changent pas.

Fiabilité : Le récepteur en tant qu'élément de son feedback périodique envoie des informations sur tous les trous dans le flux de données qu'il a reçu. L'émetteur ATP traite l'information de SACK juste comme dans TCP en maintenant une structure de données SACK. Les données marquées pour être retransmises sont envoyées avec une priorité plus élevée que de nouvelles données.

3.4 Le protocole ATCP [20]

3.4.1 L'approche d'ATCP

L'approche proposée utilise le feedback de couche réseau (les sauts intermédiaires) pour mettre l'émetteur TCP dans un état persistant, état de contrôle de congestion, ou état de retransmission. Ainsi, quand le réseau est partitionné, l'émetteur TCP est mis dans le mode persistant de sorte qu'il ne transmette pas inutilement et ne retransmette pas les paquets.

D'autre part, quand les paquets sont perdus à cause des erreurs (par opposition à la congestion), l'émetteur TCP retransmet ces paquets sans appeler le contrôle de congestion. Enfin, si le réseau est vraiment congestionné, l'émetteur TCP appelle le contrôle de congestion. Dans cette implémentation, TCP standard lui-même n'est pas modifié parce qu'on veut maintenir la compatibilité avec la suite du standard de TCP/IP.

Par conséquent, pour mettre en application la solution, une couche mince est insérée appelée ATCP (TCP *ad-hoc*) entre IP et TCP qui écoute l'information d'état de réseau fournie par les messages ECN (explicit congestion notification) et par les messages ICMP « destination non atteignable » (destination unreachable) et met alors l'émetteur TCP dans l'état approprié.

Ainsi, à la réception d'un message ICMP, l'état de TCP à l'émetteur est gelé (l'émetteur rentre en état *persistant*) jusqu'à ce qu'une nouvelle route est trouvée assurant que l'émetteur n'appelle pas le contrôle de congestion. En outre, l'émetteur n'envoie pas des paquets dans le réseau pendant la période où aucune route n'existe entre la source et la destination.

ECN est employé comme mécanisme par lequel l'émetteur est notifié de la congestion de réseau le long de la route suivie par la connexion TCP. À la réception d'un ECN, l'émetteur appelle le contrôle de congestion sans attendre un événement de timeout. Ainsi, les avantages de cette solution sont :

- TCP/IP standard est non modifié,
- ATCP est invisible au TCP et, en conséquence, les noeuds avec et sans ATCP peuvent inter opérer. Le seul inconvénient est que les noeuds sans ATCP verront tous les problèmes de performances liés à l'exécution de TCP dans les réseaux *ad-hoc*.
- ATCP n'interfère pas avec le fonctionnement de TCP dans les cas où la connexion TCP est entre un noeud dans le réseau câblé et un autre dans le réseau *ad-hoc* sans fil.

3.4.2 Conception d'ATCP

Le but en concevant ATCP est de fournir une solution complète au problème d'exécution de TCP dans les réseaux sans fil multi sauts. Spécifiquement, la conception d'un protocole qui a les caractéristiques suivantes:

Améliorer les performances de TCP dans les réseaux ad-hoc : Les performances de TCP sont affectées par les problèmes de hauts BER et les déconnexions dues à la reconstruction de routes ou aux partitions. Dans chacun de ces cas, l'émetteur TCP appelle de manière erronée le contrôle de congestion. Le comportement approprié dans ces cas doit être le suivant :

- *Hauts BER:* Retransmettre simplement les paquets perdus sans rétrécir la fenêtre de congestion.
- *Retard en raison de reconstruction de routes:* L'émetteur devrait cesser de transmettre et reprend quand une nouvelle route est trouvée.
- *Partition momentanée:* Comme précédemment, l'émetteur devrait cesser de transmettre (parce qu'on veut pas inonder le réseau avec des paquets qui ne peuvent pas être livrés) jusqu'à ce qu'il soit reconnecté au récepteur.
- Routage multi chemins: Dans ce cas-ci, quand l'émetteur TCP reçoit des ACKs doubles, il ne devrait pas appeler le contrôle de congestion parce que le routage multi chemin affecte l'ordre dans lequel les paquets sont reçus.

Maintien de contrôle de congestion de TCP : C'est un but important parce que s'il y a des pertes causées par la congestion de réseau, l'émetteur TCP ne doit aussi pas supposer qu'ils sont dues aux hauts BER et continue de transmettre. Dans ce cas-ci, il faut que TCP rétrécisse sa fenêtre de congestion en réponse aux pertes et appelle le « slow start ».

Comportement approprié de CWND: Quand il y a un changement de routes (par exemple, une reconnexion après une brève partition), la fenêtre de congestion devrait être recalculée.

Maintien de la sémantique de bout en bout de TCP : Il est critique de maintenir la sémantique de bout en bout de TCP afin d'assurer que les applications fonctionnent bien.

Compatibilité avec TCP standard : C'est nécessaire parce qu'on ne peut pas supposer que toutes les machines déployées dans le réseau ad-hoc doivent avoir ATCP installé. L'approche au problème d'améliorer les performances de TCP en maintenant la compatibilité se présente en une couche mince entre TCP et IP et est appelée ATCP. La couche ATCP à l'émetteur surveille l'état de TCP et l'améliore d'une manière de s'assurer que le comportement discuté ci-dessus est réalisé.

3.4.3 Fonctionnement de la couche ATCP

La couche ATCP est seulement en activité à l'émetteur. Cette couche surveille l'état de TCP et l'état du réseau (basée sur des messages ECN et ICMP) et prend l'action appropriée. Pour comprendre le comportement d'ATCP, considérant la figue suivante qui illustre les quatre états possibles d'ATCP: normal, congestionné, perte, et déconnecté.
Quand la connexion TCP est établie, ATCP à l'émetteur est dans l'état normal. Dans cet état, ATCP ne fait rien et est invisible. Maintenant examinons le comportement d'ATCP dans les quatre circonstances :

> ➢ **Le canal avec probabilité de pertes:** Quand la connexion de l'émetteur au récepteur a une probabilité élevée de pertes, il est probable que quelques segments n'arrivent pas au récepteur ou puissent arriver en désordre. Ainsi, le récepteur peut produire des acquittements doubles (ACKs) en réponse à des segments en désordre.
>
> Quand TCP reçoit trois ACKs doubles consécutifs, il retransmet le segment manquant et rétrécit la fenêtre de congestion. Il est également possible qu'en raison d'ACKs perdus, le RTO de l'émetteur TCP puisse expirer entraînant la retransmission de segment et l'appel de contrôle de congestion.
>
> ATCP dans son état normal compte le nombre d'ACKs doubles reçus pour chaque segment. Quand il voit que trois ACKs doubles ont été reçus, ils n'expédient pas le troisième ACK mais met TCP dans le « mode persistant ».

Chapitre 3   TCP et les environnements sans fils

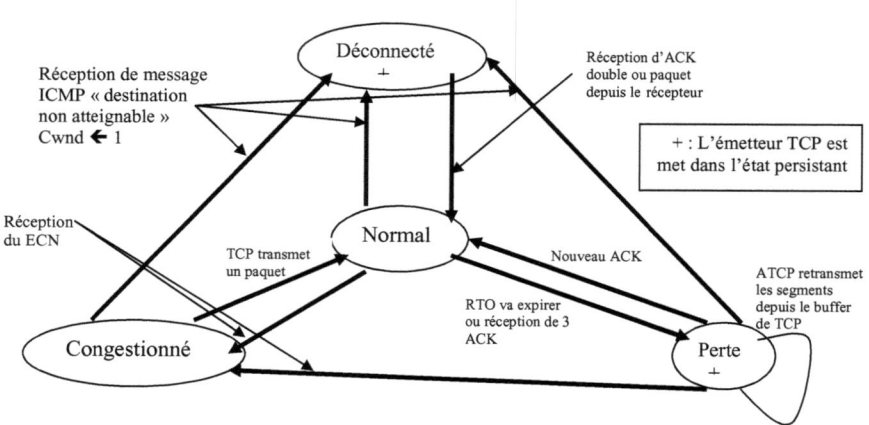

Figure 3.1 : Les états possibles du protocole ATCP.

De même, quand ATCP voit que le RTO de TCP est sur le point d'expirer, il met encore TCP dans « le mode persistant ». En faisant ceci, on s'assure que l'émetteur TCP n'appelle pas le contrôle de congestion parce que c'est faut de le faire dans ces circonstances. Après qu'ATCP met TCP dans « le mode persistant », ATCP entre dans un « état de perte ».

Dans « l'état de perte », ATCP transmet les segments non acquittés à partir du buffer d'envoi. Il maintient ses propres temporisateurs séparés pour retransmettre ces segments au cas où leurs ACKs ne seront pas reçus. Par la suite, quand un nouveau ACK arrive (un ACK pour un segment précédemment non acquitté), ATCP fait suivre cet ACK à TCP qui enlève également TCP du mode persistant. ATCP revient alors à son état normal.

> **congestionné :** Il est supposé que quand le réseau détecte la congestion, ECN est placé dans les paquets de données et d'ACKs. Supposons qu'ATCP reçoit ce message quant il est dans son « état normal ». ATCP entre dans son « état congestionné » et ne fait rien.
  Il ignore n'importe quels ACKs doubles qui arrivent et il ignore également les expirations des RTO.
  En d'autres termes, ATCP n'interfère pas le comportement normal de congestion de TCP. Après que TCP transmette un nouveau segment, ATCP revient à son *état normal*.

> **Déconnecté :** La mobilité des noeuds dans les réseaux ad-hoc cause la reconstruction des routes ou même la partition provisoire de réseau. Quand ceci se produit, il est supposé que le réseau produit un message ICMP « destination inaccessible » en réponse à une transmission de paquet. Quand

ATCP reçoit ce message, il met l'émetteur TCP dans « le mode persistant » et lui-même entre en « état débranché ».

TCP produit périodiquement des paquets de sondage tandis qu'il est dans « le mode persistant ». Quand, par la suite, le récepteur est relié à l'émetteur, il répond à ces paquets de sondage avec un ACK double (ou un paquet de données). Ceci enlève TCP de « mode persistant » et remet ATCP de nouveau dans « l'état normal ».

Afin de s'assurer que TCP ne continue pas d'employer l'ancienne valeur de CWND, ATCP place *CWND à* un segment lorsqu'il met TCP dans « le mode persistant ». La raison de faire ceci est de forcer TCP pour sonder la valeur correcte de CWND employée pour la nouvelle route.

➢ **D'autres transitions :** Finalement, quand ATCP est dans « l'état de perte », la réception d'un ECN ou d'un message ICMP « source éteinte » entrera ATCP dans l'état congestionné » et ATCP enlève TCP de son « état persistant ». De même, la réception d'un message ICMP « destination inaccessible » déplace ATCP *de* « l'état de perte » ou « l'état congestionné » dans « l'état déconnecté » et ATCP met TCP dans « le mode persistant » (s'il n'était pas déjà dans cet état).

3.5 Le protocole ATL [2]

L'évolution des technologies de réseau sans fil a rapporté plusieurs générations de systèmes sans fil référés par nG, n=1, 2, 3, 4. Actuellement, les systèmes sans fil proposés de la troisième génération (3G) tels que le système mobile universel de télécommunication (UMTS) et le système mobile international de télécommunication 2000 (Imt-2000) peuvent fournir jusqu'à 2 Mb/s de débits.

Ces développements en technologies sans fil de gestion de réseau et l'augmentation de leur utilisation ont dicté l'intégration des domaines câblés et sans fil. En conséquence, l'Internet sans fil de la prochaine génération (NGWI), qui est actuellement dans l'étape de conception et désignée également sous le nom de réseaux de 4G sans fil, émergera comme convergence des systèmes sans fil de la prochaine génération et l'Internet, avec l'objectif de services: « n'importe où, n'importe quand » aux utilisateurs mobiles.

Une architecture typique de NGWI proposée est illustrée dans la figure suivante. Dans cette architecture, un terminal sans fil NG peut se déplacer entre l'ensemble d'architectures sans fil, le réseau local (WLAN), le 3G cellulaire, et le réseau satellitaire.

Avec cette diversité architecturale, on s'attend à ce qu'également NGWI fournisse aux utilisateurs mobiles un éventail de services depuis le trafic de données de taux élevés au trafic multimédia en temps réel avec un certain niveau de qualité de service (QoS). Ces objectifs posent plusieurs défis pour la réalisation du NGWI.

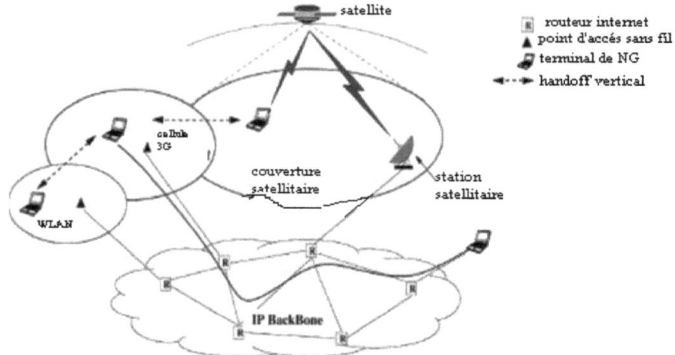

Figure 3.2 : L'architecture typique de NGWI.

3.5.1 Architectures Sans fil Hétérogènes

Les systèmes sans fil qui feront partie du NGWI ont de différentes caractéristiques qui sont récapitulées comme suit :

Le retard d'accès variable: Tandis que le retard d'accès dans le lien sans fil peut ne pas être significatif dans les WLANs, un temps d'aller-retour typique (RTT) change entre quelques centaines de millisecondes et 1s dans les liens 3G dû au traitement étendu de la couche physique. Le retard d'accès est beaucoup plus long dans les liens satellitaires, qui ont un retard de propagation élevé jusqu'à 270ms.

Erreurs de liens variables: Les protocoles conventionnels de contrôle de transmission (TCPs) présument l'existence d'un lien physique fiable fondamental. Ainsi, ils appellent le contrôle de congestion en cas de pertes de paquets reliées au lien sans fil. Ceci mène à une dégradation de performances significative, dont la sévérité est proportionnelle aux conditions du lien sans fil, c.-à-d., le taux des erreurs de bit et les retards.

Les taux de pertes de paquets changent des niveaux très bas dans les environnements proches sans fil tels que WLAN, pico cellules 3G à un niveau plus haut que 1% dans les environnements macro cellulaires et les réseaux satellitaires. Les pertes de paquets reliées à la mobilité, c.-à-d., les arrêts totaux (backoff) dus au handoff ou aux pertes de signal, amplifient la dégradation.

Modèle de mobilité: Le taux de mobilité peut augmenter le nombre d'arrêts totaux dus au handoff, par conséquent, diminuer l'efficacité de transport. Pendant une période de connexion, presque aucun handoff n'est expérimenté dans la couverture globale, tandis que des handoffs fréquents peuvent avoir lieu dans les environnements pico cellulaires.

3.5.2 Demandes hétérogènes de services

Les services qui seront fournis par le NGWI changent entre les données fiables de taux élevé aux multimédia en temps réel tels que la vidéo en direct. Tandis que le premier exige le transport fiable à 100%, le dernier, la livraison à temps et un taux de variation moyen.
Pour la livraison de trafic multimédia, User Datagram Protocol (UDP) utilisé sans contrôle de taux de transmission peut également mener à l'injustice (non equitabilité) aux sources TCP et comme résultat la congestion. Ces défis doivent être adressés pour réaliser l'objectif de NGWI.

3.5.3 La couche ATL

Les hétérogénéités architecturales décrites ci-dessus ont besoin d'être gérées dynamiquement, pendant que l'utilisateur mobile émigre durant la période de connexion. La diversité dans les services demandés rend nécessaire les fonctionnalités de transport fiable de données et le protocole de contrôle de taux pour la livraison avec contraintes de temps des multimédias.

Toutes ces hétérogénéités couplées aux limitations de traitement et de puissance des terminaux sans fil réclament une couche de transport adaptative unifiée et efficace. Afin de satisfaire ce besoin, une nouvelle couche de transport adaptative (ATL) du NGWI est présentée.

ATL est une couche de transport adaptative unifiée qui ajuste dynamiquement ses configurations de protocole pour s'adapter aux environnements sans fil hétérogènes et soutient la livraison fiable de données et de multimédia. Elle assure:

> **Le contrôle adaptatif de congestion** : ATL incorpore un nouveau contrôle adaptatif de congestion pour son nouveau protocole fiable de transport de données (TCP-ATL) et son nouveau protocole de contrôle de taux pour les trafics multimédia (RCP-ATL).

Les paramètres de contrôle d'augmentation additive et de diminution multiplicative (AIMD : additive increase multiplicative decrease) des deux protocoles sont dynamiquement ajustés selon les conditions courantes du lien sans fil, c.-à-d., le taux de pertes de paquets et le retard d'accès.
Ceci permet à ATL de réaliser des performances à haut rendement en dépit de la diversité architecturale du NGWI. Par conséquent, l'objectif du contrôle adaptatif de congestion est la minimisation de la différence entre les courbes réalisées par le TCP câblé et les sources sans fil.

- **Un support pour le multimédia :** Un nouveau protocole de contrôle de taux basé UDP (RCP-ATL) pour les trafics multimédia du NGWI est également incorporé dans ATL. RCP-ATL performe le schéma de contrôle de taux en employant le contrôle adaptatif de congestion pour réaliser des performances élevées de rendement effectif dans les architectures sans fil hétérogènes. RCP-ATL coopère également avec un encodeur adaptatif pour réaliser la variation homogène et de qualité.

- **Equitabilité :** Les méthodes pour l'ajustement dynamique des paramètres AIMD de contrôle adaptatif de congestion pour TCP-ATL et RCP-ATL sont développées en prenant en compte l'equitabilité. Par conséquent, les protocoles d'ATL préservent l'equitabilité aux sources câblées TCP partageant le même goulot d'étranglement.

- **Compatibilité et basse complexité:** Les protocoles d'ATL sont développés en se basant sur les protocoles courants TCP et UDP avec des fonctionnalités additionnelles pour adresser les conditions uniques du NGWI. Par conséquent, ATL peut facilement communiquer avec les implémentations courantes des couches de transport, qui suivent la sémantique conventionnelle de TCP/IP.
Cette approche s'assortit également avec les conditions adaptatives de couche de transport unifiée, de basse complexité pour le traitement et avec les terminaux mobiles avec contraintes de mémoire.

3.6 Conclusion

Dans ce chapitre nous avons présenté quelques travaux qui ont essayé d'adapter le protocole TCP pour faire face aux problèmes qui surgissent dans les réseaux sans fil en général et en réseaux ad-hoc en particulier.

L'étude de ces adaptations aide pour la conception de nouvelles adaptations selon l'environnement sans fil cible. Dans le prochain chapitre nous présentons notre protocole que nous appelons MTCP qui est conçu pour adapter le protocole TCP pour l'environnement des réseaux maillés sans fils (WMNs).

Chapitre 4

Le protocole MTCP (Mesh TCP)

Les réseaux maillés sans fils ont des caractéristiques communes avec les réseaux ad-hoc, comme on la vu dans les chapitres précédents, mais ils les surpassent en se caractérisant par plus de contraintes.

Les solutions qui seront proposées pour les réseaux maillés dans les différentes couches protocolaires doivent d'abord supporter et répondre aux défis des réseaux ad-hoc. On peut citer quelques caractéristiques des réseaux ad-hoc qui sont le multi sauts, la mobilité, le taux élevé des erreurs et les pertes. Les noeuds sont soumis à calculer de nouvelles routes à quelques destinations. En plus, il est probable que le réseau *ad-hoc* peut devenir temporairement partitionné suite à la mobilité des noeuds.

TCP est un protocole de transport orienté connexion qui assure la fiabilité de la communication et la livraison ordonnée des données. L'utilisation de TCP standard dans les réseaux sans fils multi-sauts en général et les réseaux maillés sans fil spécialement montre une baisse sérieuse et observable des performances. Cela est dû à plusieurs causes entre autres :

Le taux élevé des erreurs : Les erreurs sans fils ont comme résultat la non disponibilité des données reçues. Donc l'émetteur ne recevra pas les acquittements et conclura qu'il y a une congestion et invoquera par la suite le mécanisme de contrôle de congestion.

La reconstitution fréquente de routes: Quand une route n'est plus valable, une nouvelle route doit être trouvée par la couche réseau. Le temps de rétablissement d'une nouvelle route peut prendre plus d'un RTO, donc il peut causer l'appel de contrôle de congestion.

Comme le changement de routes est fréquent dans les réseaux WMNs, la paire (émetteur, récepteur) ne peut presque jamais émettre au débit permit puisque elle passe beaucoup de temps avant d'arriver au débit maximum, et elle peut ne pas l'atteindre si la route est changée.

Dans les réseaux mesh, en plus du changement due à la mobilité ou aux pannes des routeurs, le changement de routes à cause de la qualité de service (qui sera parmi les métriques des protocoles de routage) conduira aux changements fréquents de routes

Le partitionnement du réseau : Dans un réseau ad-hoc le partitionnement est fréquent et le réseau *ad-hoc* est donc périodiquement divisé pendant plusieurs secondes. Si l'émetteur et le récepteur d'une connexion TCP se situent dans différentes partitions, les paquets de l'émetteur seront supprimés, et par conséquence l'émetteur appelle le contrôle de congestion. Si la partition dure longtemps (plus qu'un RTO), les performances se dégradent. Cela peut parfois se passer aussi dans les WMNs surtout dans l'architecture client.

Le routage multi chemins: L'inconvénient des protocoles de routage multi chemins entre les paires source et destination, dont le but est de réduire au minimum la fréquence de reconstruction de routes, est le nombre significatif de paquets arrivants au récepteur en désordre. Par conséquent le récepteur produit des acquittements doubles qui font que l'émetteur (à la réception de trois ACKs doubles) appelle le contrôle de congestion.

Dans ce chapitre nous proposons un nouveau protocole de transport pour améliorer le comportement de TCP dans les réseaux maillés sans fils.

4.1 Le protocole MTCP

Notre approche proposée dans ce chapitre, est une amélioration du protocole ATCP[20] qui est lui même une amélioration du protocole TCP standard, pour faire face aux problèmes surgissant des réseaux ad-hoc.

Comme les réseaux WMNs partagent plusieurs caractéristiques avec les réseaux ad-hoc, l'amélioration du protocole ATCP nous semble intéressante. Notre protocole MTCP utilise le feedback de la couche réseau (les sauts intermédiaires) pour mettre l'émetteur TCP dans un état persistant, état de contrôle de congestion, ou état de retransmission. Ainsi, quand le réseau est partitionné, l'émetteur TCP est mis dans le mode persistant de sorte qu'il ne transmette pas inutilement et ne retransmette pas les paquets. D'autre part, quand les paquets sont perdus à cause des erreurs (par opposition à la congestion), l'émetteur TCP retransmet ces paquets sans appeler le contrôle de congestion. Enfin, si le réseau est vraiment congestionné, l'émetteur TCP appelle le contrôle de congestion.

Parmi les avantages de notre protocole MTCP est que TCP standard lui-même n'est pas modifié et cela dans le but de garder la compatibilité par la suite avec le standard TCP/IP, donc MTCP dispose de cette caractéristique importante.

La solution, consiste en l'insertion d'une couche mince appelée MTCP (Mesh TCP) entre IP et TCP qui écoute l'information d'état du réseau fournie par les messages ECN (explicit congestion notification) et par les messages ICMP « destination non atteignable » (destination unreachable) et met alors l'émetteur TCP dans l'état approprié. Ainsi, à la réception d'un message ICMP, l'état de TCP à l'émetteur est gelé (l'émetteur rentre en état *persistant*) jusqu'à ce qu'une nouvelle route est trouvée assurant que l'émetteur n'appelle pas le contrôle de congestion. En outre, l'émetteur n'envoie pas des paquets dans le réseau pendant la période où aucune route n'existe entre la source et la destination.

ECN est employé comme mécanisme par lequel l'émetteur est notifié de la congestion de réseau le long de la route suivie par la connexion TCP. À la réception d'un ECN, l'émetteur appelle le contrôle de congestion sans attendre un événement de timeout, cela anticipe le contrôle de congestion pour gagner du temps. Les avantages de cette solution sont :

- TCP/IP standard n'est pas modifié,

- MTCP est invisible au TCP et, en conséquence, les noeuds avec et sans MTCP peuvent inter opérer. Le seul inconvénient est que les noeuds sans MTCP verront tous les problèmes de performances liés à l'exécution de TCP dans les réseaux *ad-hoc* en plus de celles des réseaux Mesh.

Le protocole ATCP adopte comme stratégie la réinitialisation de la fenêtre de congestion à un paquet après la reconstitution d'une nouvelle route suite à une panne de route. Cependant, notre protocole MTCP adopte une autre stratégie lors de reconstitution de routes, en réévaluant la valeur de la fenêtre en utilisant l'approche de TCP-RC[24].

ATCP ne prend pas aussi en considération la qualité de service, qui a comme conséquence aussi le changement de routes. Puisque la qualité de service est un paramètre essentiel qui est pris en considération par les réseaux WMNs, notre protocole MTCP adopte que le changement de routes dus à la qualité de services peut se produire durant la vie d'une connexion et là aussi la réévaluation de la fenêtre de congestion en utilisant l'approche de TCP-RC est présente.

Le changement de routes à cause de la qualité de service peut se produire par exemple si on utilise un protocole de routage qui utilise des métriques pour le choix des routes. Et si par exemple le protocole de routage trouve une nouvelle route qui a un poids élevé par rapport à l'actuelle alors ce changement de routes provoque la réévaluation de la fenêtre de congestion comme décrit précédemment.

Le protocole ATCP n'utilise pas les acquittements sélectifs [14] puisque une parmi les indications d'utilisation de cette option est que le produit (délai de transmission multiplié par la bande passante) soit élevé, comme ce n'est pas le cas des réseaux ad-hoc en général, l'utilisation de cette option engendre seulement une surcharge supplémentaire de traitement.

Par contre, dans les réseaux WMNs l'utilisation de cette option améliorera d'une manière observable le rendement du réseau puisque le produit délai de transmission multiplié par la bande passante est assez élevé (un exemple est le réseau satellitaire qui peut être une partie du réseau WMN qui a ce produit élevé).

4.2 Conception de MTCP

La structure du réseau Mesh employée dans notre protocole est l'architecture hybride, qui englobe l'infrastructure WMN et les clients ad-hoc, c'est l'architecture la plus complète et la plus complexe.

Les nœuds source et destination en plus de nœuds intermédiaires (qui peuvent être des routeurs sans fils ou des clients) constituent un réseau multi-sauts qui peut être mobile mais la mobilité n'est pas aussi fréquente que dans un réseau purement ad-hoc, vue la présence des routeurs sans fils maillés.

La conception de MTCP a pour objectif de donner une solution complète qui englobe les réseaux sans fil multi-sauts et les réseaux avec infrastructures. MTCP possède les caractéristiques suivantes:

Améliorer les performances de TCP dans les réseaux multi sauts : Les performances de TCP dégradent en présence de hauts BER, la reconstruction de routes et les partitions. Dans chacun de ces cas, l'émetteur TCP appelle de manière erronée le contrôle de congestion.

Le comportement approprié dans ces cas (qui est assuré aussi par ATCP) doit être le suivant :

> *Hauts BER :* Retransmettre simplement les paquets perdus ou erronés sans réduire la fenêtre de congestion.

> *Retard en raison de reconstruction de routes:* l'émetteur devrait cesser de transmettre et reprend quand une nouvelle route est trouvée.

> *Partition momentanée:* comme précédemment, l'émetteur devrait cesser de transmettre (parce que nous ne voulons pas inonder le réseau avec les paquets qui ne peuvent pas être livrés de toute façon) jusqu'à ce qu'il soit reconnecté au récepteur.

> *Routage multi chemins:* dans ce cas, quand l'émetteur TCP reçoit des ACKs doubles, il ne devrait pas appeler le contrôle de congestion parce que le routage multi chemin affecte l'ordre dans lequel les paquets sont reçus.

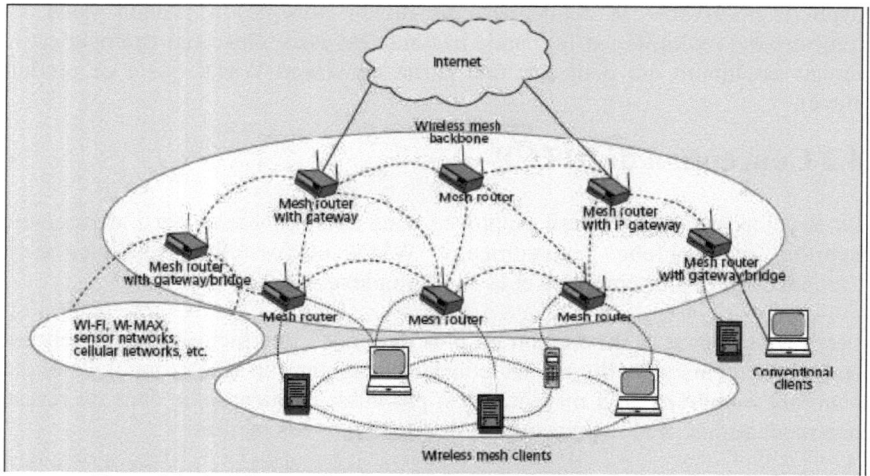

Figure 4.1 : Architecture du réseau WMN dans MTCP.

Maintien le contrôle de congestion de TCP : C'est un but important parce que s'il y a des pertes causées par la congestion de réseau, l'émetteur TCP ne doit pas supposer qu'ils sont dues aux hauts BER et continue de transmettre. Dans ce cas-ci, il faut que TCP réduise sa fenêtre de congestion en réponse aux pertes et appelle le processus du « slow start ».

Comportement approprié de la fenêtre de congestion : Quand il y a un changement de routes (par exemple, une reconnexion après une brève partition), la fenêtre de congestion devrait être recalculée.

ATCP met la fenêtre de congestion à un paquet à chaque changement de routes tandis que les améliorations précédentes de TCP gardaient la même fenêtre de congestion [6]. Nous jugeons que les deux approches ne mènent pas à un meilleur résultat. Garder la même fenêtre de congestion peut soit causer la congestion si la nouvelle route ne permet pas une fenêtre assez large, ou causer une sous estimation de la fenêtre si la nouvelle route est meilleure en sens de bande passante.

Mais comme la connexion est toujours en phase « congestion avoidance » la convergence vers la valeur optimum de la fenêtre peut se faire d'une manière assez lente. Dans ce cas on préfère réinitialiser la fenêtre à un paquet et augmenter d'une manière exponentielle pour converger plus rapidement à la valeur optimum que de garder l'ancienne fenêtre et sonder pour la nouvelle fenêtre d'une manière linéaire puisqu'on est en phase « congestion avoidance ».

Mais dans ce cas aussi, le changement fréquent de routes peut causer la stagnation dans la phase « slow start » et ne pas atteindre aussi le rendement optimum puisque à chaque fois qu'on change de route on réinitialise la fenêtre à un paquet.

Notre approche dans MTCP utilise une méthode de sondage de fenêtre pour atteindre la fenêtre optimum après l'envoi des paquets de la première fenêtre de congestion dés la reconstruction de la nouvelle route, c'est le principe utilisé par TCP-RC[24].

Maintien la sémantique de bout en bout de TCP : Il est important de maintenir la sémantique de bout en bout de TCP afin d'assurer que les applications fonctionnent bien.

Compatibilité avec TCP standard : C'est nécessaire parce que nous ne pouvons pas supposer que toutes les machines déployées dans un réseau Mesh doivent avoir MTCP installé.

Ainsi, les machines avec ou sans MTCP devraient pouvoir initier des connexions TCP normales avec des machines qui peuvent avoir MTCP implémenté ou non. En outre, les applications s'exécutant sur des machines avec MTCP ne doivent pas sentir sa présence.

Comme le réseau WMN est relié aux réseaux câblés par des gateways, l'émetteur ou le récepteur d'une connexion TCP peut se situer dans le réseau câblé avec l'autre limite dans le réseau WMN, il est important de s'assurer que les connexions TCP fonctionnent bien dans ces cas aussi.

L'approche au problème est d'améliorer les performances de TCP en maintenant la compatibilité avec les versions existantes se présente en une couche entre les couches TCP et IP et est appelée MTCP. La couche MTCP à l'émetteur surveille l'état de TCP et l'améliore de manière à s'assurer que le comportement discuté ci-dessus est réalisé. Ceci est discuté en plus de détails dans la prochaine section.

4.3 Fonctionnement de la couche MTCP

La couche MTCP joue son rôle d'amélioration seulement au niveau de l'émetteur TCP (dans une communication duplexe, la couche MTCP aux deux noeuds participants sera présente). Cette couche surveille l'état de TCP et l'état du réseau (basé sur des messages ECN et ICMP, comme le faisait la couche ATCP au niveau des réseaux ad-hoc) et déclanche l'action appropriée.

Chapitre 4 — Conception de MTCP

Les différents états de MTCP sont dans la figure4.2 qui illustre les quatre états possibles de MTCP: normal, congestionné, perte, et déconnecté.

Lors de l'établissement de la connexion TCP, MTCP à l'émetteur est dans l'état normal. Dans cet état, MTCP ne fait rien et est invisible (comme le cas de ATCP dans les réseaux ad-hoc). Examinons le comportement de MTCP aux quatre circonstances :

> **Le canal avec probabilité de pertes:** Quand la connexion a une probabilité élevée de pertes, quelques segments peuvent ne pas arriver au récepteur ou arrivent en désordre.

Cela conduit le récepteur à produire des acquittements doubles (ACKs) en réponse à des segments en désordre.

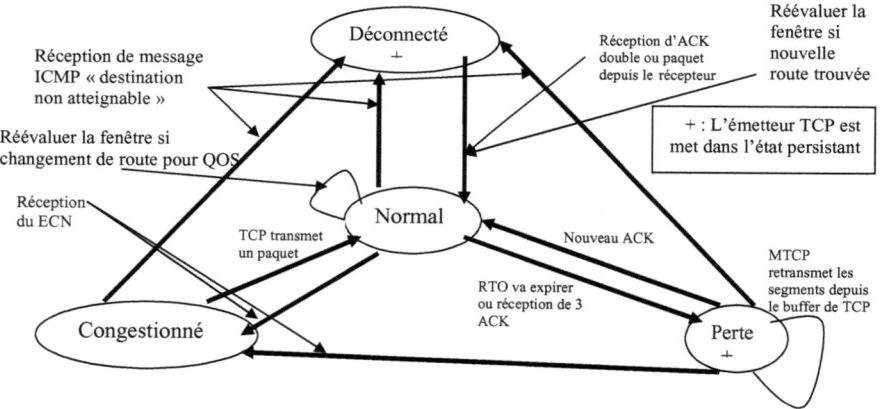

Figure 4.2 : Les états possibles de MTCP.

Quand TCP reçoit trois ACKs doubles consécutifs, il appelle le contrôle de congestion. Il est également possible qu'en raison d'ACKs perdus, le RTO de l'émetteur TCP puisse expirer entraînant la retransmission de segment et l'appel de contrôle de congestion.

MTCP dans son état normal, exactement comme ATCP, compte le nombre d'ACKs doubles reçus pour chaque segment. A la réception du troisième ACK double, il ne l'expédie pas mais met TCP dans le « mode persistant ».

Dés que le RTO de TCP est sur le point d'expirer, MTCP met encore TCP dans « le mode persistant ». Donc, en faisant ceci, nous nous assurons que le contrôle de congestion n'est pas appelé (c'est ce qu'il faut faire dans ces circonstances). MTCP entre par la suite dans un « état de perte ».

Dans « l'état de perte », MTCP retransmet les segments non acquittés à partir du buffer d'envoi de TCP.

MTCP maintient ses propres temporisateurs séparés pour retransmettre ces segments au cas où leurs ACKs ne seront pas reçus. Quant un nouveau ACK arrive (c.-à-d., un ACK pour un segment précédemment non acquitté), MTCP fait suivre cet ACK à TCP qui enlève également TCP du mode persistant. MTCP revient alors à son état normal.

> **Congestionné:** Il est supposé que quand le réseau détecte une congestion, le bit ECN est placé dans les paquets de données et d'ACKs[18]. Dés que MTCP reçoit ce message pendant qu'il est dans son « état normal », il entre dans son « état congestionné » et ne fait rien.

Il ignore n'importe quels ACKs doubles qui arrivent et ignore également les expirations des RTO. Après que TCP transmette un nouveau segment, MTCP revient à son *état normal*.

> **Déconnecté :** La mobilité des noeuds dans les réseaux ad-hoc cause la reconstruction des routes ou même la partition provisoire de réseau. Ce paramètre n'est pas aussi critique dans les réseaux WMNs vue la présence de l'infrastructure sans fil, mais elle peut également apparaître dans le pire des cas en supposant la panne de routeurs assurant la connexion dans un chemin donné, ou encore la mobilité des clients si on parle de l'architecture sans infrastructure.

Lorsque ceci se produit, il est supposé que le réseau produit un message ICMP « destination inaccessible » en réponse à une transmission de paquet.

Quand MTCP reçoit ce message, il met l'émetteur TCP dans « le mode persistant » et lui-même entre en « état débranché ». TCP produit périodiquement des paquets de sondage tandis qu'il est dans « le mode persistant ».

Par la suite, si le récepteur est relié à l'émetteur, il répond à ces paquets de sondage avec un ACK double (ou un paquet de données). Ceci enlève TCP du « mode persistant » et remet MTCP de nouveau dans « l'état normal ».

Afin de s'assurer que TCP ne continue pas d'employer l'ancienne valeur de la fenêtre de congestion, ATCP place la valeur de la fenêtre à un segment lorsqu'il met TCP dans « le mode persistant ». La raison pour faire ceci est de forcer TCP pour sonder la valeur correcte de la fenêtre de congestion employée pour la nouvelle route.

Tandis que MTCP de son coté ne met pas la fenêtre à un paquet, mais dés que la nouvelle route est trouvée, il emploie la méthode de TCP-RC[24] pour calculer la nouvelle fenêtre. La méthode de TCP-RC nous semble plus efficace puisque elle sonde la fenêtre en un temps plus réduit par rapport à ATCP et d'une manière plus efficace. La méthode de TCP-RC est expliquée dans la section qui suit.

➢ **D'autres transitions :** Quand MTCP est dans un état « normal » et reçoit un message de changement de routes causé par la **QoS**, il recalcule la nouvelle fenêtre sans changer d'état et d'une manière transparente à TCP.

Quand MTCP est dans « l'état de perte », la réception d'un ECN ou d'un message ICMP « source éteinte » entrera MTCP dans l'état congestionné » et MTCP enlève TCP de son « état persistant ».

De même, la réception d'un message ICMP « destination inaccessible » déplace MTCP de « l'état de perte » ou « l'état congestionné » dans « l'état déconnecté » et MTCP met TCP dans « le mode persistant » (s'il n'était pas déjà dans cet état).

➢ **Effet des messages perdus :** Notons qu'en raison de l'environnement de probabilité de pertes, il est possible qu'un ECN puisse ne pas arriver à l'émetteur ou, pareillement, un message de « destination inaccessible » peut être perdu.

Si un ECN est perdu, l'émetteur TCP continuera de transmettre les paquets. Cependant, chaque ACK reçu contient l'ECN, de ce fait s'assurant que l'émetteur recevra par la suite l'ECN le faisant entrer à « l'état de contrôle de congestion ».

De même, s'il n'y a aucune route à la destination, l'émetteur recevra par la suite un message « destination inaccessible » causant TCP d'être mis dans « un état persistant » par MTCP. Donc, dans tous les cas de pertes de messages, MTCP fonctionne correctement.

Examinons comment MTCP change le comportement de TCP dans les conditions discutées dans la section précédente. On rappelle ici, que c'est le même comportement de ATCP sauf l'ajout des acquittements sélectifs et la réévaluation de la fenêtre de congestion en cas de changement de routes, en plus des changements de routes dues à la qualité de service.

Dans les conditions de pertes (dus aux hauts BER), MTCP retransmet les segments non acquittés tandis que TCP est mis dans un état persistant. Ainsi, TCP n'appelle pas le contrôle de congestion.

Au cas où la source et la destination deviennent déconnectées (même pour des périodes courtes pendant qu'une nouvelle route est reconstruite ou pendant des périodes plus longues en raison des partitions), TCP est de nouveau mis dans « le mode persistant » pour la durée de déconnexion et aucun segment n'est transmis par MTCP.

Quand le réseau est reconnecté, TCP sort automatiquement du « mode persistant » parce que le récepteur répond aux paquets de sondage de l'émetteur. Cependant, la fenêtre de congestion utilisée est recalculée selon la méthode de TCP-RC.

Finalement, le comportement de congestion de TCP est inchangé assurant que TCP rétréci convenablement son taux de transmission quand le réseau est congestionné.

4.4 La méthode de TCP-RC

Pour une connexion TCP donnée, il est intéressant de parler du paramètre de surcharge de la connexion P, qui n'est rien d'autre que le taux de la transmission effectif sur la capacité actuelle permise par cette connexion.

$$P = T/C$$

Où :
T est le taux de transmission,
C est la capacité actuelle de la connexion TCP.

La congestion du réseau est souvent provoquée par le trafic découpé. Pour éviter la congestion, le trafic de la source devrait être stable dés que possible. Cela est atteint quant il n'y a aucun changement de routes, cependant, dans les réseaux ad-hoc et les réseaux maillés, le changement de routes se produit fréquemment.

Afin de garder le même degré de congestion sur les routes différentes, au lieu de sauvegarder simplement la valeur de la fenêtre de congestion « *le cwnd* » et le seuil de « slow start » « *le ssthresh* », nous devrions maintenir, P.

Cwnd et *ssthresh* sont deux variables d'états importantes de TCP qui contrôlent le taux de transmission de la source TCP. Quand *le cwnd* s'incrémente, le taux de transmission de la source TCP augmentera, et comme résultat, P et le RTT augmenteront également. C'est-à-dire, P et *RTT* peuvent être ajustés par *le cwnd*.

Pour stabiliser P quand la route est changée, *cwnd* peut être ajustée comme suit:

$$cwnd_{aft} = \alpha * \frac{RTT_{bef}}{RTT_{aft}} cwnd_{bef} \qquad (1)$$

Où $cwnd_{bef}$ et $cwnd_{aft}$ sont les valeurs de cwnd avant et après le changement de routes respectivement.

RTT_{bef} et RTT_{aft} sont les valeurs de RTT avant et après la reconstruction des routes respectivement. α est une constante.

Si *le RTT* de la connexion TCP grandit après la reconstruction de la route, qui signifie que P est augmenté, *le cwnd* devrait être diminué pour stabiliser P; par contre si le RTT est diminué alors cwnd devrait être augmenté.

La plupart des paquets envoyés par la source TCP sont réservés dans les buffers des noeuds intermédiaires avant qu'ils partent du réseau (allant vers le récepteur TCP). Ce qui signifie que, s'il y a plus de sauts dans la nouvelle route après la reconstruction, *cwnd* peut être augmenté sans avoir comme résultat l'augmentation de P. Autrement, *cwnd* devrait être diminué pour stabiliser P.

Donc la propriété *de cwnd* et le nombre de sauts de la route est la suivante:

$$cwnd_{aft} = \beta * \frac{Hop_{aft}}{Hop_{bef}} cwnd_{bef} \qquad (2)$$

Où Hop_{bef} et HOP_{aft} sont le nombre de sauts avant et après la reconstruction de la route. β est une constante. La combinaison des équations (1) et (2) donne:

$$cwnd_{aft} = \gamma * \sqrt{\frac{RTT_{bef}}{RTT_{aft}} * \frac{Hop_{aft}}{Hop_{bef}}} cwnd_{bef} \qquad (3)$$

Où γ est une constante.
$\gamma = \sqrt{\alpha * \beta}$

Comme montré dans l'équation (3), pour re-calculer *cwnd* après la reconstruction de routes, la valeur *de RTT, le nombre de sauts et cwnd sont* exigés. Ces valeurs sont obtenues comme suit:

1- Quand la source TCP transmet en état normale, on mesure *cwnd* courant, la valeur *du RTT* et *le TTL* (la variation *de sauts*) de chaque paquet d'acquittement;

2- Quand la source TCP reçoit le message de changement de routes (due à la mobilité des nœuds ou aux pannes ou bien encore à la qualité de service), selon les valeurs *du cwnd, RTT* et *TTL* mesurés dans l'étape 1, on calcule RTT_{bef}, Hop_{bef}, et $cwnd_{bef}$.

3- Quand la nouvelle route est reconstruite, la connexion TCP est reprise avec ses anciennes valeurs pour calculer RTT_{aft} et Hop_{aft}, à travers *RTT* et *TTL* mesurés depuis les paquets d'acquittements de tous les paquets de données dans la fenêtre initiale de congestion;

4- Calculer $cwnd_{aft}$, par l'équation (3), et retourne à l'étape 1.

$cwnd = cwnd_{aft}$
$ssthresh = cwnd$ Si cwnd>ssthrsh

4.5 L'utilisation des acquittements sélectifs

Les études ont montré la force de TCP avec l'option des acquittements sélectifs SACK par rapport au non-SACK. L'extension des acquittements sélectifs emploie deux options TCP. La première est celle de permission, "SACK-permitted", qui peut être introduite au segment SYN pour indiquer que l'option SACK peut être utilisée une fois la connexion établie. L'autre est l'option SACK elle-même, qui peut être envoyée sur une connexion établie une fois la permission donnée par « SACK-permitted ».

L'option SACK doit être envoyée dans les blocs depuis le récepteur de données pour informer l'émetteur des blocs non contigus de données qui ont été reçus et mis en file. Le récepteur attend la réception des données (peut-être par des retransmissions) pour remplir les vides dans l'espace d'ordre entre les blocs reçus. Quand les segments absents sont reçus, le récepteur acquitte les données normalement en avançant la borne gauche de la fenêtre dans le domaine d'acquittement de l'entête TCP. L'option SACK ne change pas la signification du champ de nombre d'acquittements.

Cette option contient une liste de certains blocs de numéros de séquences contigus de l'espace occupé par les données qui ont été reçues et mises en file dans la fenêtre. Chaque bloc contigu de données mises en file au récepteur de données est défini dans l'option SACK par deux nombres entiers non signés de 32 bits n :

- ➤ Borne gauche du bloc, c'est le premier nombre d'ordre de ce bloc.

- ➤ Borne droite du bloc, c'est le nombre d'ordre juste après le dernier nombre d'ordre de ce bloc.

Chaque bloc représente les octets reçus de données qui sont contiguës et isolées; c'est-à-dire, les octets juste au-dessous du bloc, (borne gauche du Bloc-1), et juste au-dessus du bloc, (borne droite du bloc), qui ne sont pas reçus.

4.6 Les algorithmes de MTCP

Une connexion TCP est établie entre un émetteur et un récepteur. Pour adapter le protocole, TCP des modifications peuvent être nécessaires au niveau des deux entités. Pour le cas de notre protocole MTCP les modifications sont au niveau de l'émetteur.

Il y a deux fonctions au niveau de l'émetteur : la fonction d'envoi des données et la fonction de la réception des ACKs.

1) La fonction Receive au niveau de l'émetteur :

```
*Réception d'un nouveau segment ()
*Localiser le bloc de contrôle TCP
Si l'état de MTCP= « normal » alors  /* c'est une variable statique de la classe qui prend les
                                        états : normal, congestionné, perte, déconnecté*/
    Début
        Si le bit ECN= 1 alors
            Début
                Mettre l'état MTCP à « congestionner »
                Laisser le protocole TCP fonctionner en état de congestion
            Fin
        Sinon
            Début
                Si dup_Ack=3  alors  // le troisième ack double
                    Début
                        Mettre TCP en mode « persistant » // donc geler le fonctionnement de TCP
                        Mettre MTCP en état de « perte »
                        Faire le travail de retransmission selon le protocole MTCP
                    Fin
                Sinon // le comportement normal de TCP en absence de congestion
                    Début
                        Laisser le protocole TCP fonctionner en état normal
                    Fin
            Fin
    Fin
Sinon
    Début
        Si l'état de MTCP= « perte » alors
```

Chapitre 4　　　　　　　　　　　　　　　　　　　　　　　　**Conception de MTCP**

```
         Début
            Si le bit ECN= 1 alors
               Début
                  Mettre l'état de MTCP à « congestionner »
                  Laisser le protocole TCP fonctionner en état de congestion
               Fin
            Sinon
               Début
                  Si le segment est nouveau Ack alors
                     Début
                        Mettre MTCP à l'état « normal »
                        Laisser le protocole TCP fonctionner normalement
                     Fin
                  Sinon
                     Début
                        Faire le travail de retransmission selon le protocole MTCP
                     Fin
               Fin
         Fin
      Sinon
         Début
            Laisser le protocole TCP fonctionner normalement
         Fin
*Lors de réception de message de changement de route par les protocoles de routage
 Ajuster le seuil du protocole TCP et la valeur de fenêtre de congestion selon le protccole
 MTCP
Fin
```

2) La fonction Send au niveau de l'émetteur :

```
*Lors de l'émission d'un paquet TCP
 Si l'état de MTCP= « perte » alors
    Début
       Si le paquet = « paquet de sondage de TCP » alors
          Début
             Ne pas transmettre le paquet à la couche IP /* c'est le protocole MTCP qui
                                                      renvoie le paquet perdu
          Fin
    Fin
 Sinon
    Début
       Si l'état de MTCP= « déconnecté » alors
          Début
             Si le paquet= « paquet de sondage TCP » alors
                Début
                   Passer le paquet à la couche IP
                Fin
             Sinon
```

```
                    Début
                        Mettre MTCP à l'état normal
                        Passer le paquet à la couche IP
                    Fin
            Fin
        Sinon
            Début
                Si l'état de MTCP= « congestionné » alors
                    Début
                        Si le paquet est nouveau alors
                            Début
                                Mettre MTCP à l'état normal
                                Envoyer le paquet à la couche IP
                            Fin

                        Sinon
                            Début
                                Envoyer le paquet à la couche IP
                            Fin
                    Fin
                Sinon //on est déjà dans l'état de fonctionnement normal de TCP
                    Début
                        Passer le paquet à la couche IP
                    Fin
            Fin
Fin
```

4.7 Conclusion

Notre conception présente une solution au problème d'exécution de TCP dans les réseaux sans fil Mesh. La solution consiste à implémenter une couche mince entre IP et TCP (appelée MTCP) qui assure le comportement correct de TCP en maintenant le rendement élevé. Ceci est fait en mettant TCP dans le mode persistant quand le réseau est déconnecté ou quand il y a des pertes dues aux BER élevés.

Notre protocole MTCP bénéficie de plusieurs avantages qui appuient son utilisation dans les réseaux maillés. MTCP assure la sémantique de bout en bout de TCP et la garde maintenue. Aussi, MTCP est transparent qui signifie que les noeuds avec et sans MTCP peuvent avoir des connexions TCP normalement. En plus, MTCP n'interfère pas avec le comportement de contrôle de congestion de TCP quand il y a une congestion du réseau.

Chapitre 5

Evaluation des performances

A fin de prouver le rendement de notre protocole MTCP, des tests de simulations ont été menés. A notre connaissance, le simulateur NS2 est assez utilisé pour tester les performances des protocoles, puisque il est « open source » et plusieurs implémentations des protocoles de différentes couches existent déjà. Donc on l'a utilisé pour tester notre protocole. Dans ce chapitre, les performances de ces simulations sont discutées.

Le but en exécutant les diverses expériences est d'examiner les performances de MTCP en présence des BER, la partition du réseau, la congestion, et les changements de routes causés par la qualité de service qui est tenue comme métrique dans certains protocoles de routage, comme dernière expérience les différents paramètres sont mis ensemble.

Des questions spécifiques traitées inclus :

1) Quel est l'effet de BER élevé sur les performances de MTCP?
2) Est ce que MTCP effectue un contrôle de congestion correcte quand la congestion de réseau se produit ?
3) Comment agit MTCP, par rapport au TCP standard dans le cas des déconnexions courtes fréquentes ?

Comme déjà mentionné dans les chapitres précédant notre protocole est une amélioration du protocole ATCP, puisque nous pensons qu'ATCP assure un bon comportement dans les réseaux ad-hoc.

A cet effet nos comparaisons lors de nos simulations ont été faites avec TCP RENO standard et avec le protocole ATCP.

On a choisit une architecture à cinq sauts à travers laquelle les différentes expériences sont menées, le temps des simulation a été fixé à 120 secondes.
Dans le simulateur NS les protocoles des différentes couches ainsi que la distance entre les nœuds peuvent être choisies selon les buts des expériences.

5.1 Cas de pertes

Les premières expériences qu'on a exécutées n'ont pas inclus la partition ou les événements de congestion. La connexion a été seulement soumise à l'erreur de bit qui s'est produite à un BER à chaque saut.

On a simulé ces pertes en ajoutant dans la réception des paquets une fonction « Random ». Si le nombre généré dépasse une valeur choisie, le paquet est rejeté. L'évolution des numéros de séquences des paquets en fonction du temps est montrée dans le graphe qui suit.

Chapitre 5 — Tests et simulations

L'évolution d'ATCP et MTCP sont meilleures que TCP RENO puisque les deux protocoles ont un mécanisme de différentiation entre les pertes et le contrôle de congestion.

Dans le cas de TCP, les pertes de paquets ou d'ACKs résultent en timeouts de TCP et les retransmissions. En outre, trois ACKs doubles résultent en une retransmission. Dans ces cas, TCP rétrécit sa fenêtre de congestion, ainsi ayant pour résultat une baisse de rendement.

Dans le cas d'ATCP et MTCP, puisqu'ils ont un comportement identique en cas de pertes causées par le BER, on ne trouve pas de timeout TCP.
Puisqu'ils mettent TCP dans le mode persistant et retransmettent le paquet non acquitté.
Cette différence dramatique dans les performances entre TCP et ATCP et MTCP peut être expliquée par le fait que TCP appelle le contrôle de congestion fréquemment pendant les tests à cause des pertes de paquets et les ACKs dupliqués.

TCP emploie le « slow start » pour augmenter sa fenêtre de transmission. ATCP et MTCP, d'autre part, mettent l'émetteur TCP dans le mode persistant et retransmettent le paquet dont le temporisateur de retransmission est sur le point d'expirer.

La fenêtre de congestion de TCP n'a jamais vraiment une occasion de se développer parce que les pertes dues au BER résultent à un contrôle de congestion. La fenêtre de congestion d'ATCP et MTCP, d'autre part, ne se rétrécit jamais. Ceci explique la différence dramatique dans les performances de TCP et d'ATCP et MTCP.

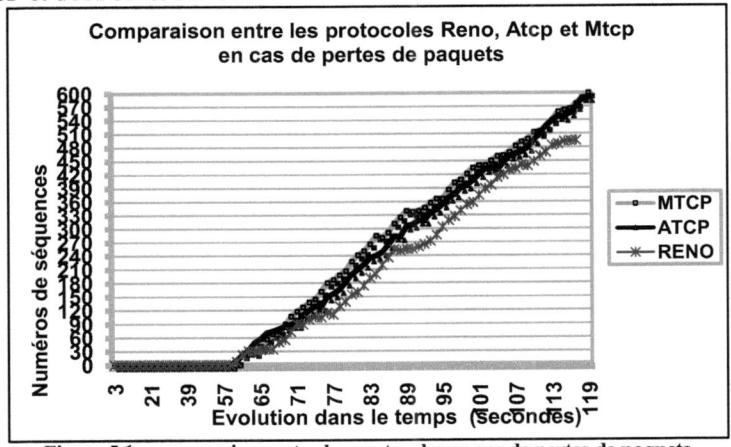

Figure 5.1 : comparaison entre les protocoles en cas de pertes de paquets.

Finalement, la différence entre ATCP et MTCP est expliquée par le fait de l'utilisation des ACKs sélectifs puisque on ne peut pas éliminer totalement la congestion dans ce premier test et l'avantage des acquittements sélectifs pour gérer les retransmissions lors des congestions est expliqué dans les chapitres précédents.

5.2 Cas de congestion

Dans le cas des tests de congestion, la congestion sera introduite dans le réseau en agrandissant la taille des paquets de données en plus de la restriction de la fenêtre du récepteur pour engorger le réseau.

Il y a différentes raisons de la différence des performances entre MTCP, ATCP et TCP RENO. Pour TCP RENO, l'appel de contrôle de congestion sera suite à un timeout ou à trois acquittements doubles.

Par contre dans le cas d'ATCP, le comportement de contrôle de congestion est anticipé dés la réception d'un message ECN qui indique une congestion quelque part dans les nœuds intermédiaires. Donc le comportement d'ATCP serait meilleur de celui de RENO.

En plus notre protocole MTCP améliore le comportement d'ATCP avec l'option des acquittements sélectifs qui diminue le nombre de paquets retransmis suite à la congestion.

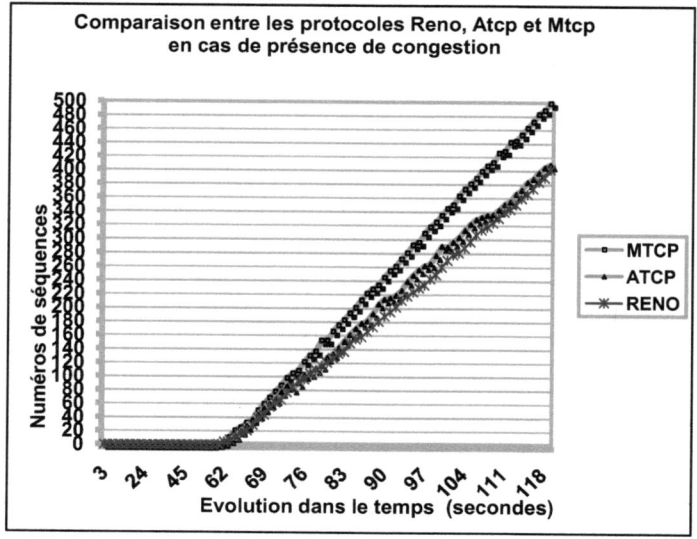

Figure 5.2 : comparaison entre les protocoles en cas de présence de congestion.

Donc, le comportement de MTCP est meilleur par rapport à TCP pour les mêmes raisons citées pour ATCP, par contre son comportement est meilleur que ATCP puisque MTCP utilise l'option des ACKs sélectifs qui permet de faire face à plusieurs pertes dans la même fenêtre de congestion quand cela est causé par une forte congestion et la taille de la fenêtre de congestion est assez grande.

5.3 Cas de partitions

Dans cette section, il est considéré le cas où le réseau souffre de partitions périodiques.
On a simulé ces partitions en éloignant les nœuds pour qu'ils ne deviennent pas dans la même zone de couverture.

Il est facile d'expliquer l'évolution des numéros de séquences des paquets de données dans le temps pour ATCP. En comparant l'évolution des numéros de séquences dans le temps en absence de partitions avec le cas où le réseau est divisé, nous nous attendions à ce que le retard d'évolution des numéros de séquences dans le temps sera au moins égale à la longueur de la partition.
Notant qu'ATCP met TCP dans le mode persistant lors de la réception d'un message ICMP « destination inaccessible ». Dans le mode persistant, TCP produit des paquets de sondage.

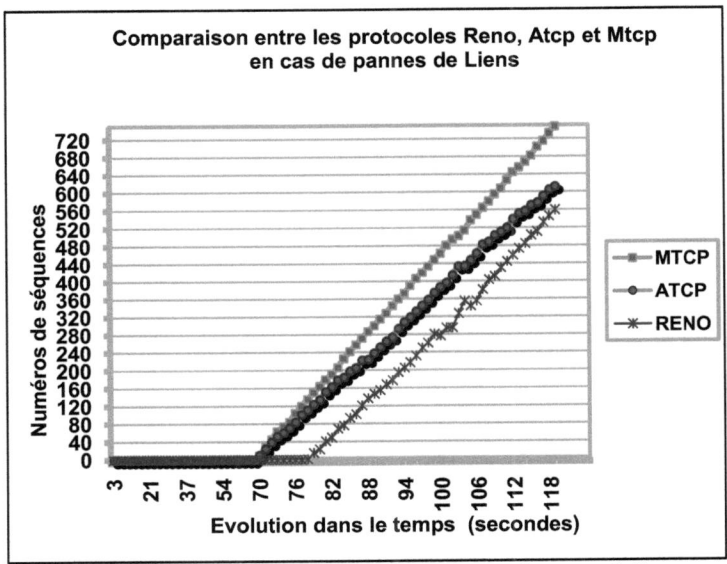

Figure 5.3 : comparaison entre les protocoles en cas de pannes de liens.

Le faible rendement de TCP est causé par le comportement de timeouts périodiques quand le réseau est divisé. Pour MTCP le rendement est meilleur par rapport à ATCP et TCP.

La raison du meilleur comportement par rapport à TCP et la même que celle de ATCP par contre le comportement de MTCP est meilleur que ATCP puisque ATCP met sa fenêtre de congestion à un paquet après la reconnexion donc son sondage de la nouvelle fenêtre se fait d'une manière assez lente, par contre MTCP fait son sondage en un seul RTT donc il arrivera en une courte durée à la valeur optimum de la fenêtre de congestion. Comme expliqué dans le chapitre précédant.

5.4 Désordre des paquets

Le désordre de paquets peut se produire quand il y a de multiples routes valables de la source à la destination ou quand la reconstruction de routes se produit. Quand un routeur a plus d'une interface sortante qui mènent à la même destination, il peut distribuer les paquets parmi ces différentes interfaces à condition que les paquets aillent à cette même destination.

Ces paquets peuvent, donc, arriver à la destination en désordre parce qu'ils ont pris différentes routes.
Une autre raison de désordre de paquets est la reconstruction de routes. Ceci se produit quand un routeur échoue à localiser une route pour expédier un paquet. Dans les réseaux sans fils (surtout les réseaux ad-hoc), les échecs de routes se produisent fréquemment. Les paquets dans l'ancienne route et ceux qui prennent la nouvelle route peuvent atteindre leur destination dans un ordre différent.

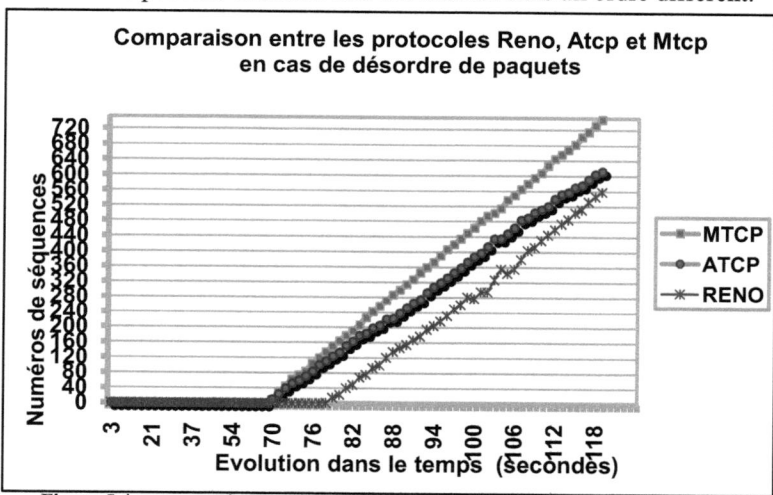

Figure 5.4 : comparaison entre les protocoles en cas de désordre de paquets.

TCP a besoin de beaucoup plus de temps pour transférer la même quantité de données qu'ATCP et MTCP. Le temps nécessaire pour ATCP et MTCP demeure presque constant tandis que le temps de transfert pour TCP augmente (approximativement) linéairement comme le retard de saut par saut augmente.

La raison de cette différence est qu'ATCP ainsi que MTCP, puisque leur comportement dans ce cas est le même, mettent l'émetteur TCP dans le mode persistant quand ils reçoivent trois ACKs doubles consécutifs. D'autre part, TCP commencera les algorithmes de contrôle de congestion ayant pour résultat une fenêtre de congestion sensiblement plus petite et une croissance lente de sa taille.

Pour ce cas de test on a refait la même chose que pour les partitions de réseau puisque c'est une parmi les causes de désordre des paquets.

5.5 Cas de changement de route pour la QOS

Dans ce cas notre protocole montre de meilleurs résultats par rapport à TCP et ATCP, puisque le changement de routes à cause de la qualité de service se fait d'une manière transparente par rapport à TCP et ATCP, puisque ce changement se fait au niveau de la couche routage et donc TCP et ATCP ne changeront pas de comportement.

Par contre MTCP s'aperçoit de ce changement à travers le feedback de la couche réseau, donc il va réévaluer sa fenêtre de congestion en utilisant la méthode de TCP-RC et par la suite convergera rapidement vers la valeur optimum de la fenêtre de congestion de cette nouvelle route.
Notons aussi que la nouvelle fenêtre de congestion est sûrement plus grande puisque le protocole de routage avec QOS change de routes si la nouvelle route à un poids plus élevé que l'ancienne.

Dans ce test de simulation nous avons choisit un moment pendant la simulation au quel la valeur de la fenêtre de TCP change de valeur. Donc cette valeur sera la plus proche de l'optimum puisque elle sera sondée sur un RTT, selon les caractéristiques de cette nouvelle route en utilisant la méthode TCP-RC.

5.6 Mettre les cas ensembles

Finalement, il est comparé les performances de MTCP, ATCP et TCP dans un réseau qui présente tous les effets de la partition du réseau, le routage multi chemins, la congestion et BER, changement de routes à cause de QOS ensembles.

Les simulations montrent que le comportement de MTCP est meilleur que celui de ATCP puis en dernier vient le comportement de TCP, cela est une conséquence de touts les arguments discutés précédemment.

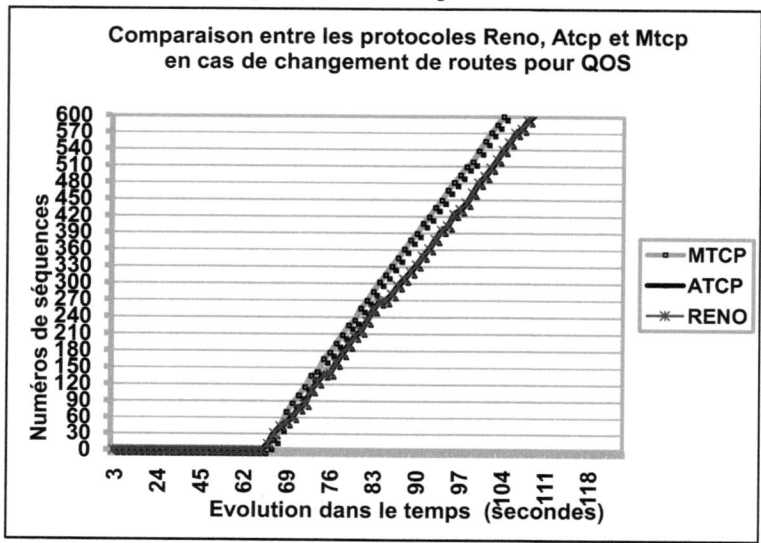

Figure 5.5 : comparaison entre les protocoles en cas de changement de routes pour QOS.

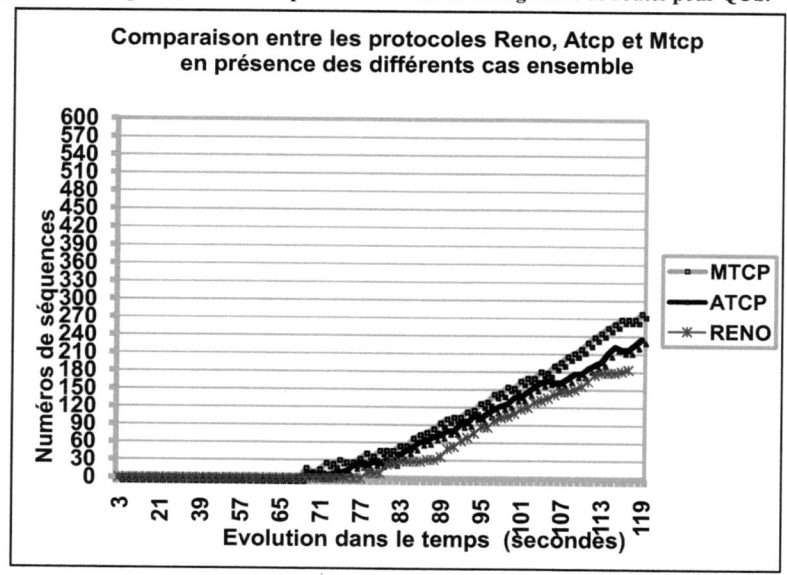

Figure 5.6 : comparaison entre les protocoles en présence des différents cas ensembles.

Conclusion

Tout au long de ce mémoire nous avons fait un état de l'art sur les réseaux maillés sans fils WMN, et nous avons abordé leurs bénéfices et les opportunités de leurs utilisations, vu leur compatibilité avec tous les types de réseaux existants. Nous avons aussi présenté brièvement le protocole TCP qui est le standard le plus utilisé pour la couche transport. Nous avons discuté aussi les problèmes de ce standard dans les réseaux ad-hoc, avec quelques travaux qui ont essayé d'améliorer son comportement dans ses réseaux en tenant compte de leurs caractéristiques.

Nous avons par la suite présenté notre protocole qu'on a appelé MTCP (Mesh TCP) qui est aussi une version améliorée de TCP, nous pensons que parmi les points forts de notre conception est de garder l'interopérabilité avec le standard.

Nous avons conduit des tests de simulations à travers le simulateur NS2 pour argumenter les améliorations de notre protocole en tenant compte de plusieurs circonstances dans un environnement sans fils. Les simulations ont montré de meilleurs résultats qui nous semblent satisfaisantes.

Par la suite, il nous semble intéressant de concrétiser les résultats de notre protocole en envisageant de l'implémenter dans un environnement comme Windows ou UNIX.
Nous pensons aussi que la méthode de réévaluation de la fenêtre de congestion dans notre protocole peut être plus affinée en utilisant plus de paramètres lors de cette réévaluation selon les protocoles de différentes couches inférieures.

Il est aussi intéressant de tenir en compte la diversité des réseaux utilisés dans le même WMN vu les caractéristiques différentes de ces réseaux (WIFI, WIMAX…), il nous semble que l'amélioration de notre protocole en un schéma adaptatif tel que ATL[2] aura des bons bénéfices.

Références bibliographiques

[1] D. Aguayo, J. Bicket, S. Biswas, D.S.J. De Couto, R. Morris, « MIT Roofnet Implementation ». <http://pdos.lcs.mit.edu/roofnet/design/>.

[2] O.B. Akan, I.F. Akyildiz, "ATL: an adaptive transport layer suite for next-generation wireless internet", IEEE Journal on Selected Areas in Communications 22 (5) (2004) 802–817.

[3] I.F. Akyildiz, J. McNair, J.S.M. Ho, H. Uzunalioglu, W.Wang, "Mobility management in next generation wireless systems". IEEE Proceedings 87 (8) (1999) 1347–1385.

[4] I.F. Akyildiz, X. Wang, W. Wang, "Wireless mesh networks: a survey". Computer Networks 47 (2005) 445–487.

[5] H. Balakrishnan, V.N. Padmanabhan, R.H. Katz, "Network asymmetry: the effects of asymmetry on TCP performance", Mobile Networks and Applications 4 (1999) 219–241.

[6] K. Chandran, S. Raghunathan, S.R. Prakash, "A feedback- based scheme for improving TCP performance in ad hoc wireless networks", IEEE Personal Communications 8 (1) (2001) 34–39.

[7] HSC, Cabinet de consultants en sécurité informatique depuis 1989 - Spécialisé sur Unix, Windows, TCP/IP et Internet. <www.HSC.fr/ressources/articles/protocoles>.

[8] IEEE P802.15.4/D18, "Draft Standard: Low Rate Wireless Personal Area Networks", Feb. 2003. <http://www.ieee802.org/15/>.

[9] IEEE Std 802.11, "IEEE Standard for Local and Metropolitan Area Networks", 1999. <http://www.ieee802.org/11/>.

[10] IEEE Std. 802.16-2004, "IEEE Standard for Local and Metropolitan Area Networks," 2004. <http://www.ieee802.org/15/>.

[11] Kiyon Autonomous Networks. <http://www.kiyon.com>.

[12] M.J. Lee, J.Zheng, Y.B. Ko, D.M.Shrestha. "Emerging standards for wireless mesh technology", IEEE Wireless Communications • April 2006.

[13] D.A. Maltz, J. Broch, D.B. Johnson, "Lessons from a fullscale multihop wireless ad hoc network testbed". IEEE Personal Communications 8 (2001) 8–15.

[14] M. Mathis, J. Mahdavi, S. Floyd, "TCP Selective Acknowledgment Options", RFC 2018, Network Working Group, Sun Microsystems, October 1996.

[15] Microsoft Mesh Networks. <http:// research.microsoft.com/mesh/>.

[16] Nortel Mesh Networks. <http://www.nortelnetworks.com/solutions/wrlsmesh/index.html>.

Références bibliographiques

[17] PacketHop Networks. <http://www.packethop.com>.

[18] K. Ramakrishnan, S. Floyd, "A Proposal to add Explicit Congestion Notification (ECN) to IP", RFC 2481, Network Working Group, LBNL, January 1999.

[19] A. Raniwala, K. Gopalan, T. Chiueh, "Centralized channel assignment and routing algorithms for multi-channel wireless mesh networks", ACM Mobile Computing and Communications Review 8 (2) (2003).

[20] S. Singh, J.Liu, "ATCP: TCP for Mobile *Ad Hoc* Networks". IEEE Journals on Selected Areas in Communications 19 (7) (2001) 1300–1315.

[21] K. Sundaresan, V. Anantharaman, H.-Y. Hsieh, R. Sivakumar, "ATP: a reliable transport protocol for adhoc networks", ACM International Symposium on Mobile Ad Hoc Networking and Computing (MOBIHOC), 2003, pp. 64–75.

[22] Tropos Networks. <http://www.tropos.com/technology/whitepaper.shtml>.

[23] UCSD mesh networks testbed. <http://www.calit2.net/>.

[24] J.X.Zhou, B.X.Shi, L. Zou, "Improve TCP performance in Ad hoc network by TCP-RC", The 14th IEEE 2003 International Symposium on Personal, Indoor and Mobile Radio Communication Proceedings.

i want morebooks!

Buy your books fast and straightforward online - at one of world's fastest growing online book stores! Environmentally sound due to Print-on-Demand technologies.

Buy your books online at
www.get-morebooks.com

Achetez vos livres en ligne, vite et bien, sur l'une des librairies en ligne les plus performantes au monde!
En protégeant nos ressources et notre environnement grâce à l'impression à la demande.

La librairie en ligne pour acheter plus vite
www.morebooks.fr

VDM Verlagsservicegesellschaft mbH
Heinrich-Böcking-Str. 6-8
D - 66121 Saarbrücken

Telefon: +49 681 3720 174
Telefax: +49 681 3720 1749

info@vdm-vsg.de
www.vdm-vsg.de

Printed by Books on Demand GmbH, Norderstedt / Germany